Stb

Andrea Hülpüsch, Jahrgang 1962, ist Mutter eines erwachsenen Sohnes und arbeitet seit 1997 als Heilpraktikerin und Heilerin in eigener Praxis in Wiesbaden. Sie ist anerkannte Heilerin des Dachverbandes für Geistiges Heilen (DGH) und Kinesiologin. Im Rahmen ihrer Heilertätigkeit bildet sie Heiler aus und gibt Pendelkurse.

www.praxis-des-lichtes.de

Sabine Kühn, Jahrgang 1967, verheiratet, gelernte Groß- und Außenhandelskauffrau, war viele Jahre im Personalbereich tätig. Sie beschäftigt sich seit 1995 mit Energiearbeit, Reiki, Pendeln und Lebenshilfe. Was damals als Hobby begann, ist mittlerweile zu einer Vollzeittätigkeit herangewachsen.

www.chiandmore.com

Um in Zeiten des Umbruchs und der Transformation Hilfe und Rat zu geben, will das vorliegende Buch einen Einblick in die Arbeit mit Engeln bieten. Zunächst werden die einzelnen Engel vorgestellt und ihre Wirkungsweise auf die Menschen beschrieben. Wertvolle und konkrete Ratschläge und Lebenshilfe finden sich dann auf jeder der vorliegenden Pendeltafeln. Ob Sie Fragen zu Partnerschaft, Arbeit, Wohnort oder Ihrer allgemeinen Lebenssituation haben – für alle Lebensthemen findet sich in diesem Buch die richtige und liebevolle Lösung.

Andrea Hülpüsch

Sabine Kühn

Pendeln mit Engeln

Stb

Originalausgabe

ISBN 978-3-8434-4671-6

3. Auflage September 2013

Umschlaggestaltung: Murat Karaçay, Schirner
unter Verwendung der Bilder #13189852 (Photosani)
und #10535456 (Manuela Heins), www.fotolia.de
Redaktion und Satz: Heike Wietelmann, Schirner
Printed by: OURDASdruckt!, Celle, Germany

www.schirner.com

Inhalt

Vorwort

In unserer täglichen Praxis arbeiten wir sehr viel mit Engeln. Wir fragen sie um Rat, bitten um ihre Hilfe, ziehen Engelkarten u.v.a.m.

Durch den Schirner Verlag wurden wir ermuntert, Ihnen, unseren Lesern, eine Hilfestellung in Buchform an die Hand zu geben, um Fragen an die Engel besser formulieren bzw. deren Antworten eindeutiger interpretieren zu können. Mithilfe dieses Buches wird es Ihnen möglich sein, die Engelwelt mit Pendel und Diagrammen zu befragen. Viele unserer Erfahrungen sind in das Buch mit eingeflossen, sodass die Themen und Sachgebiete wieder sehr umfangreich geworden sind.

Die Pendeldiagramme enthalten keine Ergebnisse und Lösungen, sondern die Antworten finden Sie nebenstehend unter der ausgetesteten Zahl. Dies hat den Vorteil, dass auch Kinesiologen mit den durchnummerierten Testlisten arbeiten können. Als Lotpendler haben Sie den Vorteil, dass Sie unvoreingenommen lediglich die Zahlensegmente des Diagramms testen können.

Ich, Sabine, begann meine Pendelarbeit mit direkt beschrifteten Tafeln, doch bald stellte sich heraus, dass ich eine Alternative finden musste. Jedes Mal, wenn ich für Freunde pendelte, aus deren Privatleben mir einiges bekannt war, hatte ich das Gefühl, nicht mehr glaubwürdig zu sein und dass sie den Eindruck haben mussten, ich steuere das Pendel bewusst auf die entsprechende Antwort hin. Also fing ich an, die Tafeln zu nummerieren und die Antworten auf einem separaten Blatt aufzuführen. Ich war erstaunt, wie gut dies funktionierte und verwendete diese Tafeln nun fast ausschließlich. Es wird jedem einleuchten, dass man die Antworten somit nicht mehr bewusst oder unbewusst steuern kann – es sei denn, man hat die jeweiligen Zuordnungen auswendig gelernt.

Ich begann, Pendeltafeln zu schreiben, um selbst Lösungen für meine alltäglichen Probleme zu finden. Einige Jahre später war ich in Behandlung bei meiner Heilpraktikerin und Heilerin Andrea Hülpüsch, die unter anderem sehr viel mit Kinesiologie und ihrer Einhandrute an mir arbeitete. Nach einiger Zeit stellten wir fest, dass sich unsere Ergebnisse jeweils deckten. Andrea fand auch Interesse an den von mir erstellten Pendeltafeln und ich an ihren bereits erstellten Testlisten.
Da wir gerne zusammenarbeiteten und ich Interesse an ihrer Unterstützung hinsichtlich ihres umfangreichen Know-Hows hatte, beschlossen wir, mein zu dieser Zeit bereits bestehendes Pendeltafel-Sammelsurium gemeinsam weiterzuführen. Unser Ziel war – und ist es auch immer noch –, allen Interessierten ein umfassendes Listen- und Pendelwerk zur Verfügung zu stellen. Es war bald klar, dass daraus mehrere Bände entstehen würden.

Ich habe mich nie selbst als Engelmedium bezeichnet, arbeite jedoch sehr gerne mit Engelkarten, wenn ich Rat und Hilfe suche. Ich habe Engel auch schon oft auf die eine oder andere Weise wahrgenommen, aber einen richtig eindrucksvollen Zugang bekam ich erst, als ich mit der Arbeit für dieses Buch begann. Ich wachte eines Nachts auf, und die Engel gaben mir die Möglichkeit, mich energetisch von ihnen behandeln zu lassen. Sie übermittelten mir dabei eine Anleitung zur Entwicklung einer besonderen Engel-Energiekarte, die dazu beitragen kann, Menschen energetisch zu unterstützen. Die Karte kann dabei helfen, in die eigene Kraft, die eigene Mitte zu kommen und Engel auf eine ganz persönliche Weise bewusster wahrzunehmen. Dies war der Beginn für eine intensive Zusammenarbeit, die mir auch heute noch sehr viel Freude macht.

Andrea gibt seit vielen Jahren Engelseminare und Engelmeditationen und bildet Interessierte in Heiler- und Pendelkursen aus. Sie verfügt daher über ein umfangreiches Wissen und einen großen Erfahrungsschatz. Aus unserer Zusammenarbeit sind bereits vier Bücher entstanden (siehe Anhang), die sicher eine gute Ergänzung zu diesem Buch darstellen. Die positive Resonanz und die Ermunterung unserer Leserschaft hatte uns dazu angeregt, gemeinsam Pendelseminare anzubieten, was wir seit Herbst 2009 auch tun.

Die Engel-Listen und Frageanleitungen haben wir in der „Du-Form" angelegt, da es sich um ganz persönliche Ratschläge der Engel für Sie selbst handelt.
Wir freuen uns, dass Sie sich für das Pendeln und/oder kinesiologische Testen interessieren und hoffen, dass Sie viel Spaß, Erfolg und neue Erkenntnisse mit unseren Arbeitsbüchern haben werden!

Wichtig!

Die Listen ersetzen natürlich nicht den Besuch beim Arzt, Heilpraktiker oder Therapeuten, wenn Sie unter gesundheitlichen Beschwerden leiden.
Die Tafeln wurden nach bestem Wissen und Gewissen recherchiert und sind als Lebenshilfe zu verstehen. Alle mit

den Pendeltafeln gemachten Erfahrungen liegen in Ihrer eigenen Verantwortung.

Eine Haftung der Autoren und des Verlages für möglicherweise auftretende Personen-, Sach- oder Vermögensschäden ist somit ausgeschlossen.

Einleitung

Dies ist kein Pendelbuch im herkömmlichen Sinne, das Sie in die Kunst des Pendelns einführen soll; eine kleine Einführung wollen wir Ihnen dennoch nicht vorenthalten.

Können Sie überhaupt pendeln?

Wenn Sie sich schon so weit für das Pendeln geöffnet haben, dass Sie sich für dieses Buch interessieren, sicherlich ja. Aber alles im Leben bedarf einer gewissen Übung. Gehen Sie unvoreingenommen und entspannt damit um, denn umso besser werden Sie damit zurechtkommen. Sorgen Sie für eine ruhige Atmosphäre und pendeln Sie nur, wenn Sie sich fit und wohl fühlen, das heißt, in einer harmonischen Verfassung sind, und Zeit, Ruhe und vor allem Lust dazu haben. Müdigkeit, Stress, starke Emotionen und Abschweifen der Gedanken beeinflussen Ihre Pendelarbeit negativ. Ihr Körper hat bei der Pendelarbeit die Funktion einer Antenne. Der Genuss von zu viel schwarzem Tee, Kaffee, Nikotin, Alkohol und Drogen aller Art könnte Ihre Pendelfähigkeit ebenfalls beeinflussen. Sofern es möglich ist, sollten Sie sich vor und nach einer Sitzung die Hände waschen. Gut ist es, vor dem Pendeln immer die gleichen Rituale durchzuführen, damit Ihr Unterbewusstsein, das beim Pendeln eine wichtige Rolle spielt, sich darauf einstellen kann.

Keiner ist unfehlbar und die Arbeit mit dem Pendel ist – wie alle anderen Aufgaben im Leben auch – ein langer Lernprozess. Es wird vielleicht eine Weile dauern, bis Sie verstehen, welche Möglichkeiten Sie haben und wo Ihre Grenzen liegen. Jeder Mensch hat andere Fähigkeiten und Talente und sollte daher alles ausprobieren und dann entscheiden, wo die Schwerpunkte seiner Stärken und Interessen sind.

Welche Pendelgeräte gibt es?

- Lotpendel: wird am häufigsten benutzt, in verschiedenen Materialien erhältlich
- Pendelrute (Tensor): ist vielseitiger einsetzbar, ebenfalls in verschiedenen Materialien erhältlich
- Wünschelrute: wird meist zum Aufspüren von Wasseradern benutzt
- selbstgebastelte Pendel: z. B. aus einem Ring, der an einer Kette befestigt ist

Suchen Sie ein Pendel aus, das Ihnen gefällt, und probieren Sie es aus, oder basteln Sie sich eines selbst. Danach werden Sie feststellen, ob es für Sie geeignet ist. Wenn Sie mit unseren Pendeltafeln arbeiten, sollten Sie ein Pendel mit einer exakten Spitze verwenden, damit sich die Ergebnisse besser ablesen lassen.

Edelsteinpendel sind für den Anfänger oft nicht so gut geeignet, da sie Energien aufnehmen können und oft gereinigt werden müssen.

Tipp:

Mehr grundlegende Informationen finden Sie in unserem Buch „Richtig pendeln schnell und einfach lernen“ (siehe Anhang).

Was passiert, wenn das Pendel anfängt zu schwingen – wie funktioniert das eigentlich?

Jeder Körper hat zahlreiche hochsensible Sinne und kann über die feinstoffliche Ebene Informationen beziehungsweise Schwingungen aufnehmen, die dann über Muskelreflexe sichtbar gemacht werden. Beim Pendeln gehen diese Reflexe auf das Pendel über bzw. lassen es in eine bestimmte Richtung auf der Pendeltafel schwingen, um die erhaltenen Informationen sichtbar zu machen.
Wir persönlich arbeiten sehr viel mit Energien, und daher war es für uns nie ein Thema, die Funktion des Pendels infrage zu stellen. Unser Körper und alles, was uns umgibt, besteht aus Energie. Diese Energie bzw. deren Schwingung werden vom Pendelnden aufgenommen und die Information mittels eines Pendels oder der Einhandrute sichtbar gemacht.

Es ist auch möglich, für räumlich entfernte Personen zu pendeln, wenn diese Ihnen persönliche Daten – wie Geburtsdatum, Name – oder ein Bild etc. zur Verfügung stellen, denn die Schwingungen können auch über diese Distanzen aufgenommen werden. Der Sender all dieser Informationen ist unser Universum.

Anleitung zum Pendeln

Bitte sorgen Sie für eine ruhige Atmosphäre und dafür, dass Sie nicht gestört werden. Halten Sie das Pendel so, dass es ohne Behinderung frei schwingen kann und die Kette/Kordel gut in Ihrer Hand liegt.
Am Tisch sitzend funktioniert es in der Regel gut, wenn

man den Ellenbogen auf den Tisch aufstützt. Es gibt auch die Möglichkeit, den Arm frei zu bewegen. Auf jeden Fall sollte Sie die Armhaltung nicht anstrengen. Eine weitere gute Anleitung bekam ich von einer sehr guten Heilerin und Pendlerin: Sie nimmt die ganze Kette oder Schnur des Pendels in die geschlossene Faust. Dann dreht sie die Faust so, dass der Handrücken nach oben schaut und drückt Daumen und Zeigefinger zu einer Art Schnabel zusammen, aus der nur der Pendelkörper herausschaut. Dann lässt sie langsam die Pendelkette/den Pendelfaden aus der Faust gleiten, bis das Pendel von allein zu kreisen beginnt. Somit haben Sie die optimale Länge des Pendels und auch Ihre künftige Pendelhaltung gefunden.

Vereinbaren Sie mit Ihrem Pendel eine bestimmte Bewegung, wenn die Antwort „Ja“ lautet, und eine andere Bewegung des Pendels, wenn die Antwort „Nein“ lautet. Wieder eine andere Bewegung ist zu vereinbaren, wenn keine Antwort gegeben werden kann.

Noch etwas ist sehr wichtig. Nehmen bzw. lassen Sie sich Zeit. Nicht immer schwingt das Pendel gleich munter drauf los!

Arbeiten mit Pendeltafeln (Voll- oder Halbkreise)

Stellen Sie Ihre Frage laut und deutlich. Halten Sie das Lotpendel senkrecht über die markierte Mitte der Pendeltafel (meistens ein Kreis oder ein Punkt). Beobachten Sie, in welches Zahlensegment die Spitze des Lotpendels schwingt. Lesen Sie die dazugehörige Information zu dem Zahlensegment.

Aufbewahrung des Pendels und Reinigung

Ihr Pendel sollte möglichst immer am gleichen Platz liegen, fern von Elektrosmog, Erdbelastung, Strahlung etc. Am besten, Sie kaufen oder nähen eine Schutzhülle.

Da Sie beim Pendeln mit Energien arbeiten, sollte das Pendel auch regelmäßig entladen werden. Dazu hält man es einfach einen Moment unter lauwarmes Wasser, damit die Energien abgespült werden können.
Geben Sie Ihr Pendel nur an für Sie angenehme Personen, falls diese danach fragen, aber reinigen Sie es hinterher ebenfalls.

Aussagefähigkeit des Pendelns

Geübte Pendler können eine Trefferquote von 80 bis 90 Prozent erzielen. Anfänger sollten sich nicht mit Treffsicherheit quälen, sondern das Pendeln mehr spielerisch angehen. Ohnehin sollte man sich am Anfang noch keine lebensverändernden Entscheidungen mittels Pendel abringen. Der gesunde Menschenverstand ist ja schließlich auch was wert!

Anleitung für Kinesiologinnen und Kinesiologen

- Stellen Sie Ihre eigene Testfähigkeit und die der Testperson sicher (Vortest).

- Stellen Sie die Frage laut und deutlich im Beisein der Testperson.
- Testen Sie mit dem Muskeltest die Zahlenreihe ab.

Beispiel:

„Wo oder wie kann Erzengel Michael meinem Klienten helfen?"
Das Angebot der Tafel beläuft sich hier auf 28 Segmente oder Vorschläge.
Testen Sie also die Segmente 1–10, 11–20, 21–28 durch.

Je nachdem, wo der Muskel reagiert, teilen Sie die Zehnerreihe in Fünferreihen auf und fragen erneut ab, also z. B. 11–15, 16–20. Wenn die möglichen Segmente auf wenige eingegrenzt sind, können Sie diese jeweils einzeln austesten, also z. B.: Ist es die 11, ist es die 12, ... die 15? Die gefundene Information zur Ziffer lesen Sie auf der jeweils beigefügten Liste ab.

Wichtig!

Fragen Sie nie Informationen über Personen ab, die Ihnen nicht die Erlaubnis hierfür gegeben haben! Das wäre Pendelarbeit aus niederen und selbstsüchtigen Motiven.
Verstehen Sie alle Anregungen, die Sie von uns erhalten, nur als Weg für Ihre eigenen Erfahrungen.

Kleine Engelkunde

Was sind Engel?

Engel sind vollkommene energetische Wesen, die in ihrer Schwingung Gott am nächsten stehen. Sie sind geschlechtslose, androgyne Wesen. Bis auf wenige Ausnahmen waren Engel nie als Menschen auf der Erde inkarniert.

Sie haben keinen eigenen Willen und sind darauf ausgerichtet, dem Höchsten zu dienen, nämlich Gottes großem Plan. Sie leben immer in der Einheit und kennen keine gegensätzlichen Pole wie wir Menschen.

Schon in der Bibel wurden Engel erwähnt, und der Koran wurde Mohammed von Erzengel Gabriel „durchgegeben".

Das Wort „Engel" stammt aus dem Altägyptischen und bedeutet „die im göttlichen Licht Lebenden". Auch im Griechischen gibt es das Wort „Angelos", was soviel wie „Bote" oder „Gesandter" bedeutet. Engel sind Boten des Göttlichen und bringen Licht, Heilung, Rat und Hilfe sowie grenzenlose Liebe.

Sie schulen die Menschen, bringen wahres Wissen auf die Erde und stehen immer und überall zur Seite, wenn sie um Hilfe gebeten werden.

Das setzt natürlich voraus, dass wir die Existenz von Engeln für möglich halten, dafür offen sind und uns überraschen lassen. Es soll schon vorgekommen sein, dass selbst Menschen, die nicht an Engel glaubten, wunderbare Fügungen in Notsituationen erlebt haben.

Zu den bekanntesten Engelgruppen gehören:

Erdengel (= Devas, sind für die Natur zuständig), Schutzengel, Erzengel, Seraphim, Cherubim und Elohim.

Es gibt auch noch die kabbalistische Einteilung in Fürstentümer, Gewalten, Throne und Mächte usw., dies sind Einteilungen, die der Mensch vorgenommen hat, die wir gerne respektieren. In diesem Buch sind sie jedoch ohne Bedeutung, da diese Unterteilungen oft zu Verwirrung und Irrtümern verleiten. Jeder Engel ist gleich viel wert, allein sein Wirken im göttlichen Plan ist entscheidend.

Auch haben uns die Engel mitgeteilt, dass die Namen, die die Menschen ihnen gegeben haben, nicht ihre wirklichen Namen sind. Die Namen der Engel sind für uns Menschen noch unaussprechlich, da sie aus Klang und Farbe bestehen. Dennoch haben Engel kein Problem mit ihren irdischen Rufnamen und helfen sofort, wenn sie angesprochen werden.

Eine Auswahl an Fragen, die Sie an Engel stellen können:

- Welcher Engel kann mir bei meinem Problem jetzt am besten helfen?
  (Formulieren Sie das Problem, testen Sie „Ihren“ Engel aus der Übersichtstafel heraus und schlagen Sie die dafür vorgesehenen Seiten mit dem Diagramm und der Liste auf).

- Gibt es noch einen weiteren Engel, der mir bei meinem Problem helfen kann?
  (Testen Sie so lange auf der Übersichtstafel, bis diese Frage mit „Nein" beantwortet wird, dann weiter wie oben.)

- Welcher oder welche Engel sind im Moment meine Schutzengel?

- Welcher Engel gibt mir im Moment den wertvollsten Hinweis?

- Welcher Engel bringt mich im Moment in meiner Entwicklung weiter?

- Durch welchen Engel kann jetzt Heilung geschehen?

- Welche Engel begleiten mich?

- Welcher Engel gibt mir Kraft und Energie?

- Welcher Engel hilft mir, meine Lebensaufgabe zu meistern?

- Welcher Engel kann mich in meinem Anliegen am besten unterstützen?

- Welcher Engel unterstützt mich bei der Erreichung meines Zieles?

Sicher werden Ihnen noch andere Fragestellungen einfallen!

Beispiele für Bitten an Engel oder Erzengel Beispiele für Bitten an Erzengel Michael:

- „Lieber Erzengel Michael, bitte sorge für guten Schutz bei meiner Autofahrt nach …"
- „Lieber Erzengel Michael, bitte gib mir Kraft und Stärke, zu mir selbst stehen zu können!"
- „Lieber Erzengel Michael, bitte gib mir den Mut, die anstehende Veränderung im beruflichen Bereich jetzt anzugehen!"

Auch hier gibt es für Sie wieder viele Möglichkeiten, Ihre persönliche Bitte zu formulieren.

Beispiele für Bitten an Erzengel Raphael:

- „Lieber Erzengel Raphael, bitte unterstütze die Heilsitzung mit meinem Klienten/Patienten (Name nennen)!"
- „Lieber Erzengel Raphael, bitte hilf mir, gesund zu werden."

Dies sind nur Beispiele für zwei Engel aus den gesamten Listen. Testen Sie sich Ihren Engel aus und formulieren Sie Ihre eigenen Bitten!

Tipp:

Es ist nicht erforderlich, dass Sie für die jeweiligen Anliegen den dafür zuständigen Engel kennen.
Sie können Michael um Schutz bitten, Sie können aber auch einfach sagen:
„Ich bitte die Engel um guten Schutz bei meiner Autofahrt nach …“
Die Engel werden Ihnen immer die bestmögliche Unterstützung geben!

Was können Engel für Sie tun?

Sie können Ihnen Antworten auf Ihre Fragen geben und mit Rat und Tat an Ihrer Seite stehen. Aus diesem Grund entstand auch dieses Buch. So haben die Engel die Möglichkeit, Ihnen zu antworten, auch wenn Sie sie noch nicht „akustisch oder intuitiv“ wahrnehmen können.

Engel können:

- Kraft und Energie geben.
- Fragen beantworten.
- Ihnen Ihre Lebensaufgabe aufzeigen.
- Schutz, Trost und Halt oder das Gefühl von Ruhe geben.
- Das Gefühl von Frieden und Freude verstärken.
- Ihnen helfen, Situationen zu meistern.
- Heilung unterstützen.
- Ihnen Weisheit und Wissen vermitteln.
- … und noch vieles mehr!

Wodurch erkenne ich die Anwesenheit von Engeln?

Engel haben eine sehr hohe Lichtschwingung. Manche Menschen können diese über ihr drittes Auge (Stirnchakra) wahrnehmen.

Wie können sich die Engel bei Ihnen bemerkbar machen?

Engel erscheinen Ihnen in der Form, mit der Sie am besten umgehen können, ohne zu erschrecken. So können sie auch in Träumen oder Visionen auftauchen.

Manche Menschen sehen sie mit Flügeln, wie sie oft auf Bildern dargestellt werden, andere nehmen sie als menschliche Gestalt oder als Farbwolken wahr. Es ist auch möglich, plötzlich wunderschöne Klänge zu hören oder einen angenehmen Duft zu bemerken. Vielleicht haben Sie auch das Gefühl, dass jemand Sie leicht berührt oder ein Windhauch an Ihnen vorüberstreicht. Dies sind nur einige mögliche Wahrnehmungen, wie sie uns von Teilnehmern von Engelmeditationen oder Engelseminaren mitgeteilt wurden.

Wenn Sie Ihr Wahrnehmungsvermögen schulen, wird es Ihnen leichterfallen, Ihren Gefühlen zu folgen, darauf zu vertrauen, dass Ihr Engel anwesend ist. Der Kontakt findet oftmals über den Weg nach innen, Ihr Unterbewusstsein oder Ihr geöffnetes Herz, statt. So kommt es manchmal zu Rührung und Dankbarkeit, es kann aber auch ein Kribbeln im Körper auftauchen oder ein Gefühl von Getragensein und/oder Geborgenheit entstehen.

Mittlerweile werden in vielen Orten Meditationsabende oder Wahrnehmungsschulungen zum Thema Engel angeboten, vielleicht auch ganz in Ihrer Nähe!

Wie kommuniziere ich mit Engeln?

Reden Sie mit Engeln wie mit einem guten Freund oder einer Freundin. Denken Sie daran, dass Engel Sie nur dann unterstützen können, wenn Sie sie um ihre Hilfe bitten, denn sie respektieren stets den freien Willen des Menschen. Engel lösen Ihre Alltagsaufgaben, Probleme oder Sorgen nicht für Sie, verhelfen Ihnen aber zur nötigen Unterstützung, Ihre Aufgaben erfüllen zu können.

Sie können auf unterschiedliche Weise Botschaften von Engeln erhalten. So kann dies ein Traum sein, eine innere Stimme, die Sie vernehmen oder dass Sie ungewohnt auf eine Situation reagieren, ohne eine Erklärung dafür zu haben, was dann aber letztlich ein positives Resultat für Sie ergibt.

Übung für die Kommunikation mit Engeln

Die folgende Übung ist nur ein Vorschlag. Vielleicht entwickeln Sie ja selbst eine ganz eigene Idee.

- Sorgen Sie dafür, dass Sie Zeit und genügend Ruhe haben.
- Schalten Sie Fernseher, Handy etc. aus.
- Legen Sie sich ein Blatt Papier oder Ihr Tagebuch und einen Stift bereit.

- Wenn Sie möchten, können Sie eine CD mit ruhiger Musik auflegen.
- Setzen Sie sich aufrecht auf einen Stuhl, schließen Sie die Augen.
- Formulieren Sie Ihre Bitte, z. B. dass Sie Kontakt zu den Engeln aufnehmen möchten.
- Entspannen Sie sich, indem Sie ruhig ein- und ausatmen.
- Nehmen Sie einfach wahr, was jetzt an Eindrücken in Ihnen auftaucht, z. B.:

  Bilder
  Farben
  Duft
  Klänge
  positive Emotionen
  Worte
  Eingebungen etc.

- Nach einer Ihnen angenehmen Zeit kommen Sie wieder mit Ihrer Aufmerksamkeit in den Raum und das Hier und Jetzt zurück.
- Notieren Sie nun, versehen mit Datum, Ihre Eindrücke.
- Legen Sie, wenn Sie es möchten, ein Engeltagebuch an.
- Nach einiger Zeit der Übung können Sie den Engeln konkrete Fragen stellen.
- Stellen Sie Ihre Frage klar und eindeutig.
- Gehen Sie in die Meditation (siehe oben).
- Notieren Sie die Antwort der Engel.
- Bedanken Sie sich.

Woran kann ich am besten erkennen, dass ein Engel mit mir kommuniziert?

- Wurde Ihnen in letzter Zeit ein langgehegter Wunsch erfüllt?
- Sie achten mehr auf Ihre Träume.
- Sie lernen gerade Menschen kennen, die Ihnen weiterhelfen.
- Gerade morgens, wenn Sie aufwachen, können Sie die Engel besonders gut wahrnehmen.
- Durch Geistesblitze, die Sie immer öfter bekommen!
- Wenn Ihnen in der Natur und in der Stille Antworten auf Ihre Fragen gegeben werden.
- Wenn Ihnen in der Meditation Bilder und Eingebungen erscheinen.

Tipp:

Notieren Sie sich nicht nur die Eindrücke der Meditationen, sondern schreiben Sie eine Zeit lang alles auf, was Ihrer Meinung nach in Ihrem Leben mit Engeln und deren Zeichen zu tun haben könnte!
Diese Beobachtungen finden bestimmt auch noch Platz in Ihrem Engeltagebuch.

Unsere Erfahrungen mit Engeln

Wir lieben Engel, unsere Wahrnehmung in Bezug auf sie ist jedoch sehr verschieden:

Sabine

sieht sie als Farben oder hört sie, manchmal machen sie sich als Geistesblitze bemerkbar.
In ganz seltenen Fällen sehen sie aus wie Menschen. Flügel haben sie nie.
So hatte Sabine während einer Autofahrt bei Schnee und Glatteis Panik bekommen. Plötzlich vernahm sie die Stimme eines Engels, der sagte:
„Mache dir keine Sorgen, du kommst heil und gesund an."

Es schien ihr, als würde jemand Unsichtbares ganz leicht auf ihrem Schoß sitzen.
Sie fragte: „Wer bist du?"
Er antwortete: „Nenne mich Uwe, denn meinen richtigen Namen könntest du weder verstehen noch aussprechen."
Tatsächlich kam sie heil und gesund an ihrem Ziel an.

Sabine geht mit Engeln im Alltag um, als wären es ihre Mitmenschen. So helfen sie ihr unter anderem bei der Entwicklung von Energieprodukten und in den Engelmeditationen.

Andrea

nimmt die Engel als feinstoffliche Wesen wahr, die meistens keine bestimmte Form haben, sondern aus Klang und Farben bestehen. Manchmal erscheinen ihr die Engel aber auch in einer lichtähnlichen Gestalt und sie kann ihre Flügel, die aus reinem Licht bestehen, wahrnehmen.

Oft sind mit dem Erscheinen der Engel Töne und Musik zu hören, die einem wunderbaren Chorgesang ähneln. Nicht selten ist das Ereignis mit einem Duft nach zart riechenden Blüten verbunden.
„Engel sind immer bei mir, ich kann jederzeit mit ihnen sprechen."
Andrea ist der Meinung, dass jeder Mensch mit etwas Übung die Kraft und die Liebe der Engel spüren kann. Sie veranstaltet Workshops und Meditationsabende, bei denen sie ihr Wissen weitergibt.

Wir hoffen, Ihnen mit diesem Buch den Einstieg in das Wirken und die Hilfe der Engel erleichtern zu können und wünschen Ihnen viel Freude bei der Arbeit und dem Kontakt mit Engeln!

Pendeldiagramme

Pendelfehlergebnisse (Fehlertafel)

1 Besetzungen
2 Darf zurzeit nicht beantwortet werden
3 Egoistische Fragestellung
4 Es liegt keine passende Pendeltafel vor
5 Falsche Deutung
6 Fehlende Konzentration
7 Fehlende Ruhe
8 Frage enthält mehrere Fragen
9 Frage ist nicht klar formuliert
10 Geht zu sehr in die Intimsphäre des anderen
11 Ist nicht neutral
12 Kein ernsthaftes Interesse
13 Kein Vertrauen in die Antworten
14 Körperliche Schwäche
15 Kreislaufprobleme
16 Pause machen, ausruhen
17 Störende Schwingungen/Strahlungen
18 Störfaktoren in der Umgebung
19 Störfelder der Erde
20 Thema ist zurzeit nicht zum Pendeln geeignet
21 Übermüdung
22 Übersteigt derzeitige Erkenntnisfähigkeit
23 Unterzuckerung
24 Verkrampfung
25 Wunschdenken
26 Zu hektisch
27 Zu ungeduldig
28 Andere

Zur Information:

Die Pendelfehlergebnisse (Fehlertafel) werden nur dann gebraucht, wenn Sie „Fehlertafel“ auf den Listen oder den Diagrammen testen, um blockierende Umstände Ihres Pendelns herauszufinden.

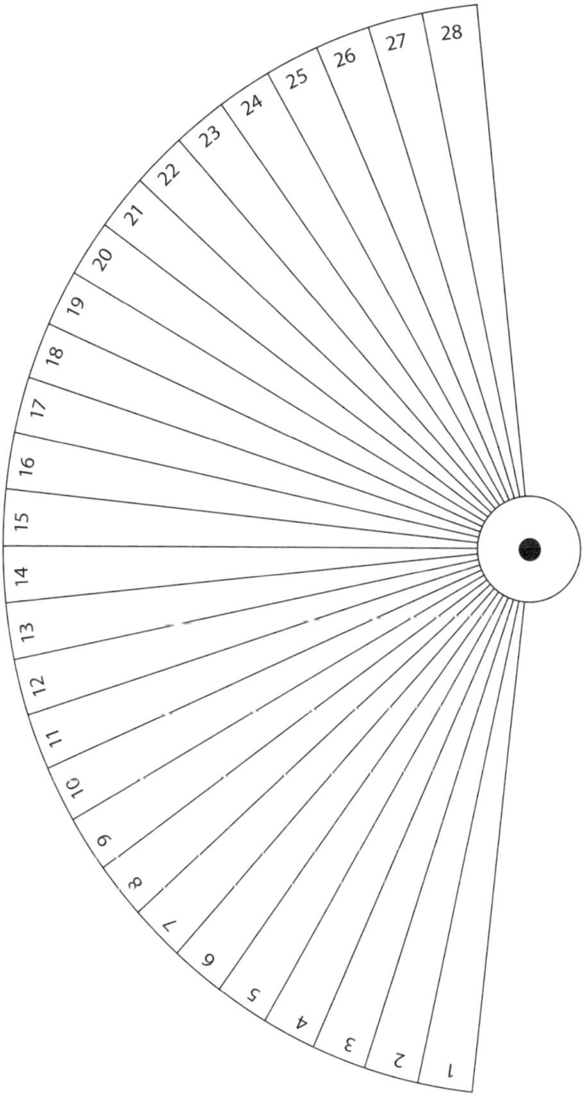
1
2
3
4
5
6
7
8
9
10
11
12
13
14
15
16
17
18
19
20
21
22
23
24
25
26
27
28

Über die Erzengel

Erzengel sind den Menschen seit jeher bekannt, einige wurden z. B. schon in der Bibel erwähnt. Sie stehen den Menschen mit ihrem Licht und ihrer Energie zur Seite, wenn diese es wünschen.

Man schreibt jedem Erzengel eine bestimmte Aufgabe zu, jedoch haben wir festgestellt, dass diese Einteilung nicht ganz so streng zu sehen ist, da Erzengel themenübergreifend arbeiten.

Die weiteren Beschreibungen und Aufgaben entnehmen Sie bitte den folgenden Seiten.

Noch ein Wort zum Thema Karma, da es in den Listen des Öfteren erscheint. Das Wort Karma kommt aus dem Indischen und heißt so viel wie „Tat". Karma ist an sich nichts Negatives, es bedeutet lediglich, dass wir die Summe aller unserer Gedanken, Gefühle und Taten in uns tragen. Durch diese inneren Informationen über uns erschaffen wir – ob wir es wollen oder nicht – unbewusst Reaktionen im Außen. Haben wir viel kämpferische Energie in uns gespeichert, werden wir zwangsläufig immer wieder in Situationen geraten, die eine Auseinandersetzung erfordern. Leben wir allerdings oft in Harmonie und Frieden mit uns selbst und unserem Leben, stellen wir fest, dass wir auch mit unseren Mitmenschen immer mehr in Harmonie kommen. Daher ist es wichtig, auf positive Gedanken und Handlungen im Alltag zu achten.

Gibt es (einen) Erzengel, der/die mir bei meiner Frage/meinem Problem helfen kann/können?

1 Ja

2 Nein

Bei „Ja“ pendeln Sie bitte auf der nachfolgenden Seite weiter.

Übersichtstafel: Welcher Erzengel kann mir jetzt helfen?

1 Erzengel Michael
2 Erzengel Raphael
3 Erzengel Chamuel
4 Erzengel Zadkiel
5 Erzengel Gabriel
6 Erzengel Jophiel
7 Erzengel Haniel
8 Erzengel Grace
9 Erzengel Metatron
10 Erzengel Sandalphon
11 Erzengel Uriel
12 Fehlertafel
13 Andere

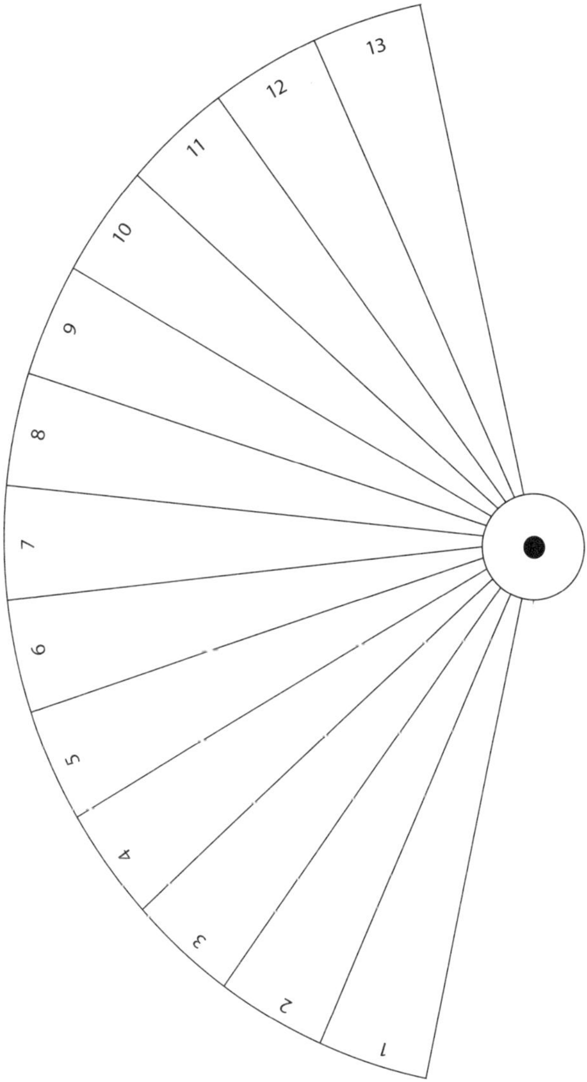
1
2
3
4
5
6
7
8
9
10
11
12
13

Erzengel Michael

Sein Name bedeutet: „Wer ist wie Gott?“, „Gottes Wille“, „Mut Gottes“.
Seine Aufgabe ist es, den Menschen im Kampf gegen das Böse und die dunklen Mächte beizustehen. Er gewährt Schutz und kann den Menschen von belastenden Energien befreien. Wie allen Erzengeln ist es ihm möglich, die Vergangenheit zu klären und zu heilen.

Er zeigt uns unsere Grenzen auf, wenn wir Gott spielen wollen und die Neigung haben, uns über andere zu erheben. Er führt uns in die Erkenntnis, dass es karmische Richtlinien vom Prinzip „Ursache und Wirkung“ gibt, die für alle gelten.

Erzengel Michael hilft uns, überflüssige Machtkämpfe und Autoritätsprobleme zu umgehen.
Er hält uns durch die Erfahrungen und Einflüsse, die aus der Umwelt auf uns einwirken, den karmischen Spiegel vor und lässt uns unsere eigenen ungelösten Konflikte und Anteile erkennen. Mit seiner Hilfe können wir diese unerlösten Wesensanteile transformieren und in Licht wandeln. Erst dann kann die vollkommene Karma-Auflösung geschehen. Er gibt uns die Kraft dazu, nimmt uns die Arbeit aber nicht ab.

Mit Michaels Hilfe können wir überholte und blockierende Denkmuster erlösen und durch neue ersetzen. Erst dieses neue Denken macht dann auch Veränderungen und neue Erfahrungen möglich.

Wenn wir Erzengel Michael um Hilfe bitten, wird er uns immer die Wahrheit und deren Konsequenz aufzeigen. Er versöhnt, was zusammengehört, er trennt, was unversöhnlich bleiben möchte oder nicht mehr zu uns passt.

Er arbeitet mit dem saphirblauen Strahl und seinem blauen Flammenschwert aus Licht.
Wenn wir ihn bitten, hüllt er uns ein in seinen blauen Schutzmantel, unter dem wir geschützt unseren Weg der Erkenntnis gehen können.

Wo oder wie kann Erzengel Michael mir helfen? (1)

1 Beschützt mich nachts in meinen Träumen
2 Bringt Ordnung in die Unordnung
3 Erhellt mit seiner blauen Flamme Körper, Geist und Seele
4 Erleichtert Klärung
5 Ermöglicht mir Wahrheit und Erkenntnis
6 Ermuntert mich, mir immer neue höhere Ziele zu stecken
7 Führt mich auf meinen Weg
8 Führt mich auf meinen Weg zurück
9 Gibt mir Klarheit
10 Gibt mir Kraft
11 Gibt mir mehr Verständnis für die kosmischen Gesetze
12 Gibt mir Mut, angemessen zu handeln
13 Gibt mir Mut, mich den Herausforderungen des Lebens zu stellen
14 Gibt mir Schutz
15 Gibt mir Stärkung in bestimmten Angelegenheiten
16 Gibt Reinigung auf allen Ebenen
17 Hilft mir bei meinen Lernaufgaben
18 Hilft mir bei Verwirrung und Unklarheit
19 Hilft mir, die Wahrheit zu sagen
20 Hilft mir im Streit mit Menschen und lässt mich das Problem erkennen
21 Hilft mir mit seinem blauen Flammenschwert, den Schleier der Illusionen zu trennen
22 Hilft mir, andere so anzunehmen, wie sie sind
23 Hilft mir, angemessen zu handeln
24 Hilft mir, aus meiner Opferrolle auszusteigen
25 Hilft mir, meinen Seelenplan zu verwirklichen
26 Hilft mir, Entscheidungen zu treffen
27 Fehlertafel
28 Andere

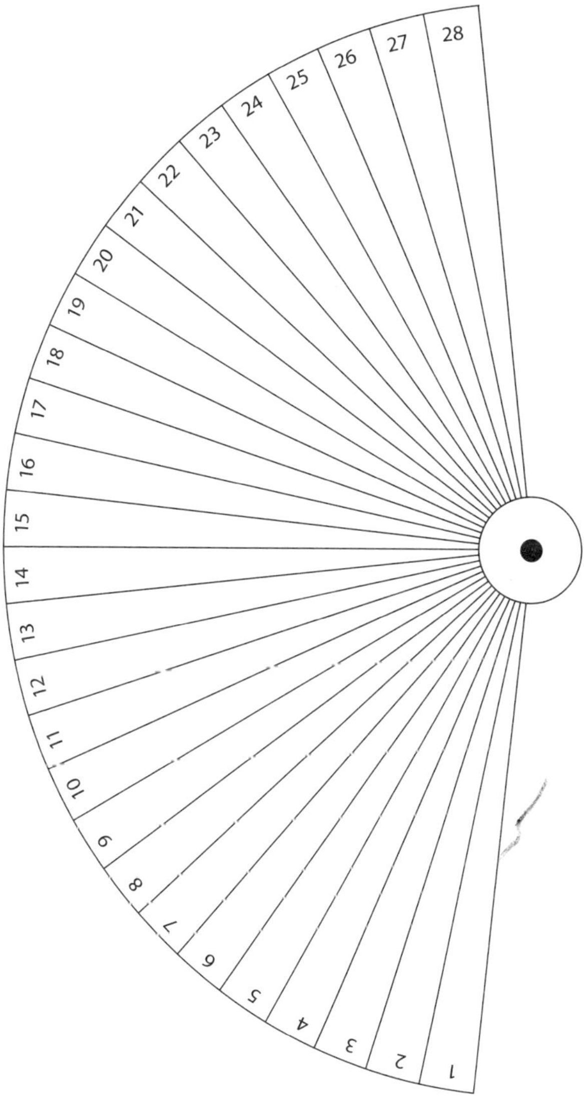
1
2
3
4
5
6
7
8
9
10
11
12
13
14
15
16
17
18
19
20
21
22
23
24
25
26
27
28

Wo oder wie kann Erzengel Michael mir helfen? (2)

1 Hilft mir, Grenzen zu setzen
2 Hilft mir, Gut und Böse zu unterscheiden
3 Hilft mir, jetzt mein Leben neu zu gestalten
4 Hilft mir, karmische Probleme zu bewältigen
5 Hilft mir, Liebe auf allen Ebenen zu leben
6 Hilft mir, meine Schattenseiten zu erkennen und liebevoll anzunehmen
7 Hilft mir, mich selbst anzunehmen
8 Hilft mir, mich zu zentrieren und schenkt mir inneres Gleichgewicht
9 Hilft mir, wenn der Stress in meinem Leben wieder überhand nimmt
10 Hilft mir, wieder Vertrauen zu finden, wenn ich belogen wurde
11 Kann mir helfen, mein Leben zu ordnen
12 Kann mir helfen, Suchtprobleme loszulassen
13 Lehrt mich Demut
14 Macht mir Mut
15 Reinigt meine Aura, wenn ich belastet bin
16 Schult mich, meiner inneren Wahrnehmung zu vertrauen
17 Schützt mich vor körperlichen oder geistigen Übergriffen
18 Stärkt jetzt meine Gesundheit
19 Stärkt jetzt meine göttliche Schöpferkraft
20 Stärkt meinen Glauben an göttliche Eingebungen
21 Unterstützt mich in der Heilung meiner verletzten Gefühle
22 Unterstützt mich mit seiner Hilfe, wann immer ich sie brauche
23 Unterstützt mich, freudig den Herausforderungen des Lebens zu begegnen
24 Verhilft mir zu innerem Frieden
25 Hilft mir, mit starker ruhiger Kraft, mich zu beruhigen
26 Hilft mir, die Wahrheit zu erkennen
27 Fehlertafel
28 Andere

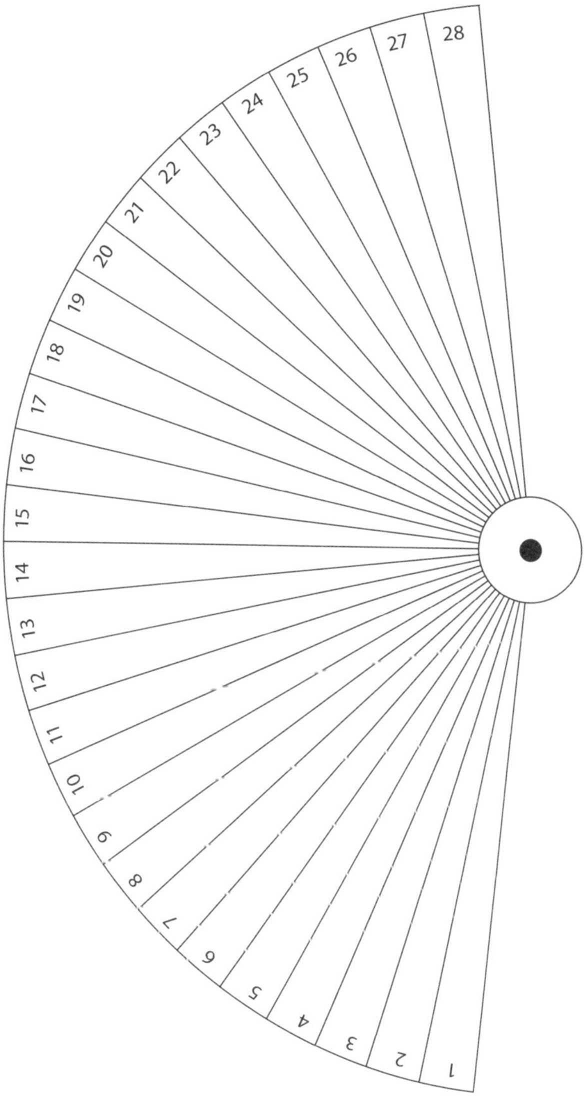
1
2
3
4
5
6
7
8
9
10
11
12
13
14
15
16
17
18
19
20
21
22
23
24
25
26
27
28

Erzengel Raphael

Sein Name bedeutet: „Gott heilt“ oder „Medizin Gottes“. Seine Aufgabe ist es, das „Unheile“ zu heilen (sowohl in Situationen als auch Krankheiten) und den Menschen den Zusammenhang zwischen Unheil und dessen Ursache nahezubringen.
Er vermittelt bedingungslose Liebe und Heilung auf allen Ebenen.

Raphael ist daher auch der Engel der Heiler und Ärzte, der bei der Energiearbeit oder bei Operationen mit seinem Licht und seiner Liebe hilfreich zur Seite stehen kann. Wir können ihn einfach darum bitten.

Er ist der Heiler für Körper, Geist und Seele. Er öffnet unser Herz für die Wahrheit, damit wir durch unsere eigene Herzensliebe heilen und erkennen können. Raphael kann bisweilen Wunder vollbringen, aber im Grunde brauchen auch die Engel das Einverständnis unserer Seele, denn gegen unseren Willen können auch sie keine Heilung vollbringen.

Eine weitere Aufgabe von Raphael ist es, den Kontakt zu unserer Seele herzustellen und uns auf der Reise durch unser Erdenleben zu begleiten, sodass wir unseren jeweiligen Lebensplan erfüllen. Wenn wir ihn um Hilfe anrufen, führt er uns in der für uns richtigen Zeitspanne zu unserer Seelenfamilie und zu unseren Seelenpartnern.

Unter gegebenen Umständen kann er Krankheiten und Belastungen der Seele auflösen, wenn der Mensch dazu bereit

ist. Dazu gehören dann manchmal auch die Änderung von Verhaltensweisen, die das Problem in diesen oder früheren Leben verursacht haben. Meistens finden wir aber die Ursachen im Denken und Handeln im hiesigen Leben.
Seelische Themen manifestieren sich zunächst auf der Energieebene der Aura. Erst wenn wir die seelischen Themen permanent ignorieren, machen sich diese auf der körperlichen Ebene als Symptome bemerkbar.

Indem wir offenen Herzens den Erzengel Raphael um Heilung und Antworten auf unsere Fragen bitten, werden wir sie auch bekommen. Er wird uns unsere unbewussten und ungelösten Emotionen, die unser seelisches und/oder körperliches Leid verursacht haben, bewusst machen.

Er arbeitet mit dem smaragdgrünen Strahl.

Wo oder wie kann Erzengel Raphael mir helfen? (1)

1 Baut meinen Energiekörper wieder auf
2 Begleitet mich liebevoll durch dunkle Zeiten
3 Führt mich in meine Spiritualität
4 Führt mich zum richtigen Therapeuten und zur richtigen Therapie
5 Gibt mir die Kraft, zu lieben
6 Gibt mir Mut und Hoffnung in meinem Leben
7 Heilt alte körperliche oder seelische Wunden
8 Heilt mein Herz
9 Heilt meine Unzufriedenheit und lässt mich die Ursache erkennen
10 Heilt meine Verbitterung und hilft mir, zu vergeben
11 Heilt mich, wenn sich meine Seele nicht mehr „ganz" anfühlt
12 Hilft mir bei der Karma-Auflösung
13 Hilft mir bei körperlichen Schmerzen
14 Hilft mir bei körperlichen und seelischen Schmerzen
15 Hilft mir bei meiner Regeneration
16 Hilft mir mit heilender Energie
17 Hilft mir mit liebender Energie
18 Hilft mir mit nährender Energie
19 Hilft mir mit sanfter Energie
20 Hilft mir oder anderen, wenn wir gehen müssen
21 Hilft mir, andere in Liebe anzunehmen
22 Hilft mir, anderen zu helfen
23 Hilft mir, die Beziehung zu mir selbst zu heilen
24 Hilft mir, heil zu werden auf jeder Ebene
25 Hilft mir, in Frieden mit meiner Vergangenheit zu kommen
26 Hilft mir, krank machende Glaubenssätze loszulassen
27 Hilft mir, mehr auf meine Intuition zu hören
28 Fehlertafel
29 Andere

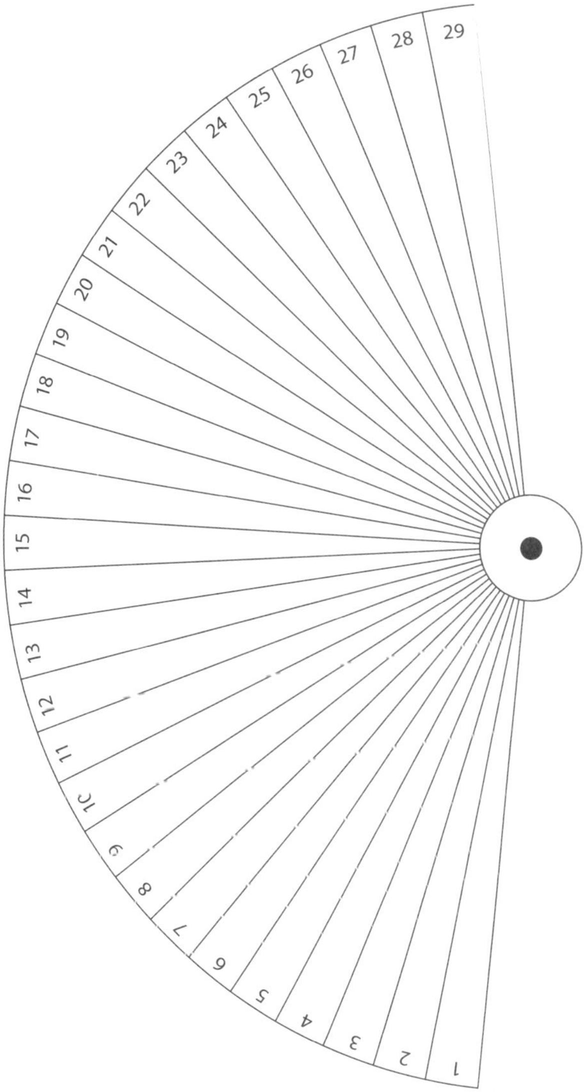
1
2
3
4
5
6
7
8
9
10
11
12
13
14
15
16
17
18
19
20
21
22
23
24
25
26
27
28
29

Wo oder wie kann Erzengel Raphael mir helfen? (2)

1 Hilft mir, mein Problem nach und nach loszulassen
2 Hilft mir, meine Beziehung zu heilen
3 Hilft mir, meine Zellen zu verjüngen
4 Hilft mir, mich selbst in Liebe anzunehmen
5 Hilft mir, mich selbst zu heilen
6 Hilft mir, Trennungsschmerz zu überwinden
7 Hilft mir, wenn ich Liebeskummer habe
8 Hilft, die Vergangenheit zu heilen und loszulassen
9 Lässt mich im anderen das Göttliche erkennen
10 Lässt mich meine Verbindung zu Gott besser spüren
11 Lässt mich nach einem erschütternden Erlebnis wieder Frieden finden
12 Lehrt mich, aus dem Herzen zu geben
13 Nimmt mir die Angst vor einer Operation
14 Reinigt, harmonisiert und stärkt mein Chakrensystem
15 Reinigt, harmonisiert und stärkt mein Meridiansystem
16 Reinigt, harmonisiert und stärkt meine Aura
17 Stärkt meine männlichen handelnden Kräfte
18 Stärkt meine weiblichen intuitiven Kräfte
19 Überwacht den Verlauf einer Operation
20 Unterstützt meine Heilarbeit mit anderen Menschen
21 Verhilft mir zu Ganzheit und Einheit
22 Verhilft mir zu Ruhe und Harmonie
23 Verhilft mir zur inneren Balance
24 Verhilft mir zur völligen Hingabe an die göttliche Führung
25 Verleiht mir Leichtigkeit und Beweglichkeit
26 Vermittelt mir bedingungslose Liebe
27 Fehlertafel
28 Andere

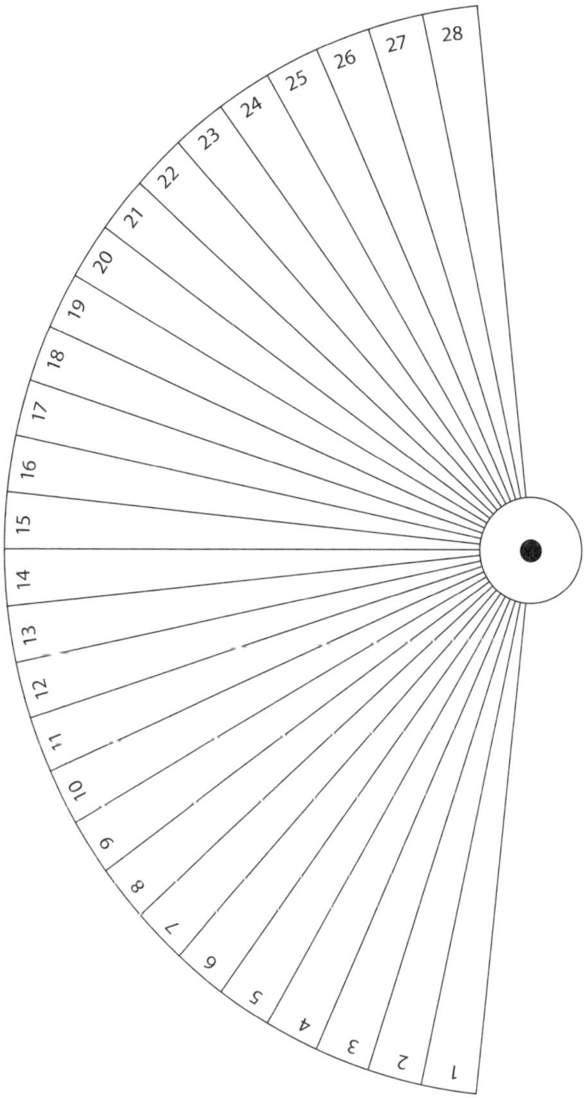

1
2
3
4
5
6
7
8
9
10
11
12
13
14
15
16
17
18
19
20
21
22
23
24
25
26
27
28

Erzengel Chamuel

Sein Name bedeutet: „Gott ist mein Ziel“ oder „Der nach Gott Suchende“.
Chamuel hilft den Menschen, Ballast abzuwerfen, in die Harmonie zu kommen und vermittelt Freude am Leben.
Er ist auch der Engel für Partnerschaft und harmonische Zusammenarbeit, auch hilft er, mit sich selbst ins Reine zu kommen und in innerer Harmonie zu leben.
Mit Chamuel gelingt es uns leichter, mit uns selbst und anderen tolerant und friedlich umzugehen.

Er hilft uns, Vertrauen in uns und unsere Mitmenschen zu erlangen, er schenkt uns Zuversicht und lässt die Lebensfreude wieder ins Herz einziehen. Er unterstützt die Liebe zu uns selbst und lehrt uns, unser eigenes inneres Kind wieder mit offenem Herzen wahrzunehmen und zu lieben. Er hilft uns dabei, wieder Spaß am Leben zu haben und zeigt uns, wie wir es schaffen können, wirklich gerne auf dieser Erde zu leben.

Wenn Chamuel in unser Leben kommt, dann sind wir wieder fähig, Freude zu haben und lachen zu können. Wir möchten fröhlich sein, spielen und tanzen. Wir lernen, das Leben wieder in vollen Zügen zu genießen.

Er ermuntert und stützt uns, wenn wir uns depressiv fühlen und kann uns, wenn wir wirklich bereit dazu sind, aus dem tiefen Tal der Hoffnungslosigkeit heraushelfen.

Chamuel macht es möglich, dass wir unser Bewusstsein für die Schönheit und Harmonie des Lebens wieder öffnen können und hilft uns, auch „unvollkommene" Situationen zu akzeptieren. Manchmal erkennen wir später sogar den tieferen Sinn dieser Unvollkommenheit!

Wir können Erzengel Chamuel aber auch bitten, uns behilflich zu sein, unsere kreativen Anlagen und Talente zu entdecken, zu entwickeln und zu fördern. Er ist der Engel der Künstler, Schriftsteller, Schauspieler und Maler sowie anderer künstlerischer Begabungen.

Auch Beziehungs- und Freundschaftsthemen gehören in den Bereich von Chamuel.
Durch seine liebevolle Energie gewinnen Beziehungen jeder Art wieder eine andere Schwingung von Intensität und innerer Tiefe. Wir kommen mit der allumfassenden Liebe Gottes in Kontakt. Negative Gefühle wie Neid, Eifersucht, Hader, Groll etc. können wir mit seiner Hilfe auflösen.

Er möchte uns zudem helfen, wieder Vertrauen und Hoffnung aufzubauen, wenn unsere Seele verletzt wurde, alte Wunden des Herzens zu heilen und uns in uns selbst und in unserem Umfeld, ja auf der ganzen Erde wieder geborgen und angenommen zu fühlen.
Er hilft uns, falsche Freunde zu erkennen und unterstützt uns dabei, sie in Frieden aus unserem Leben zu verabschieden.

Er arbeitet mit dem lachs-orangefarbenen Strahl.

Wo oder wie kann Erzengel Chamuel mir helfen? (1)

1 Erhöht meine Lebensfreude
2 Erhöht meine Schwingung
3 Erhöht meinen Lebenswillen
4 Erinnert mich an meine göttliche Herkunft, die frei und leicht ist
5 Gibt Liebe und Geborgenheit
6 Gibt mir Kraft und Mut, wenn das Leben erdrückend ist
7 Hilft mir bei allen Streitigkeiten
8 Hilft mir bei Depressionen
9 Hilft mir bei Neid, Hader, Missgunst und löst diese auf
10 Hilft mir in der Partnerschaft
11 Hilft mir in schwierigen Situationen
12 Hilft mir, Ballast abzuwerfen
13 Hilft mir, besser im Team zu arbeiten
14 Hilft mir, das Leben spielerischer anzugehen
15 Hilft mir, das Wunderbare an meinem Partner/meiner Partnerin zu erkennen
16 Hilft mir, ein besseres Gefühl für meine eigene Schönheit zu entwickeln
17 Hilft mir, Harmonie schaffen
18 Hilft mir, Liebe zu leben
19 Hilft mir, meine negativen Gefühle loszulassen
20 Hilft mir, Missverständnisse aller Art zu klären
21 Hilft mir, wenn eine ständige Müdigkeit vorherrscht
22 Hilft mir, wenn ich das Leben als Last empfinde
23 Hilft mir, wenn ich meine Schwere im Leben bearbeiten möchte
24 Hilft mir, wenn ich traurig bin
25 Hilft mir, mich durch Singen, Tanzen, Malen etc. auszudrücken
26 Lässt mich die Schönheit der Natur besser wahrnehmen
27 Unterstützt mich in meiner Kreativität
28 Vermittelt mir Freude
29 Vermittelt mir Freude am Leben
30 Vermittelt mir Leichtigkeit
31 Fehlertafel
32 Andere

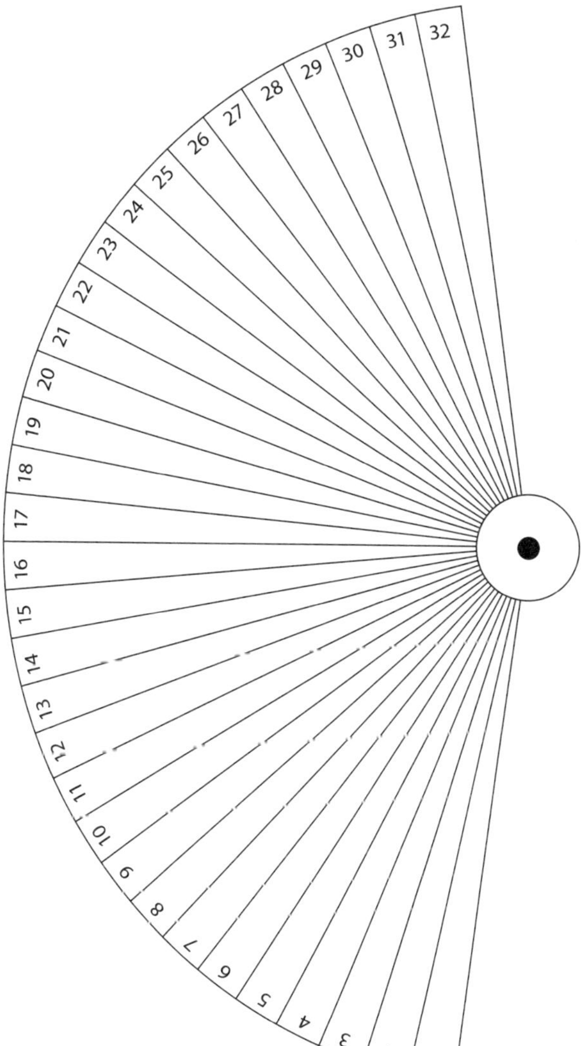
1
2
3
4
5
6
7
8
9
10
11
12
13
14
15
16
17
18
19
20
21
22
23
24
25
26
27
28
29
30
31
32

Wo oder wie kann Erzengel Chamuel mir helfen? (2)

1 Bringt das Lächeln zurück
2 Bringt Offenheit und Freude in meine zwischenmenschlichen Beziehungen
3 Bringt Süße ins Leben zurück
4 Erfüllt mich mit Licht, um eine starke und liebevolle Partnerschaft zu führen
5 Gibt mir Geborgenheit, wenn ich mich nach Liebe sehne
6 Gibt mir mit seinem Licht Hoffnung
7 Gibt mir Trost in jeder Lebenslage
8 Gibt mir Trost, wenn ich einen lieben Menschen verloren habe
9 Heilt mich, wenn eine Beziehung zu Ende gegangen ist
10 Hilft mir bei negativen Gefühlen wie Neid, Missgunst, Hass, etc.
11 Hilft mir, mich selbst zu lieben
12 Hilft mir mit seinem Licht, erlittenes Unrecht zu wandeln
13 Hilft mir, andere nicht mehr zu verurteilen
14 Hilft mir, mehr aus dem Herzen zu leben
15 Hilft mir, meine(n) Partner/Partnerin mehr loszulassen
16 Hilft mir, wenn ich verzweifelt bin
17 Hilft mir, wenn mein Herz hart geworden ist
18 Lässt mich die Verbindung mit allen Wesen besser wahrnehmen
19 Lindert meine Sorgen
20 Öffnet alle Herzen
21 Schenkt mir innere Kraft
22 Schenkt mir Vertrauen in die Erfüllung meines Daseins
23 Schenkt mir warme, ummantelnde Energie
24 Unterstützt mich in der Achtsamkeit im Umgang mit allen Wesen
25 Verhilft dem Herz zu Wachstum
26 Verhilft mir zu einem gesunden Selbstwert
27 Verhilft mir zu mehr kindlicher Unschuld
28 Fehlertafel
29 Andere

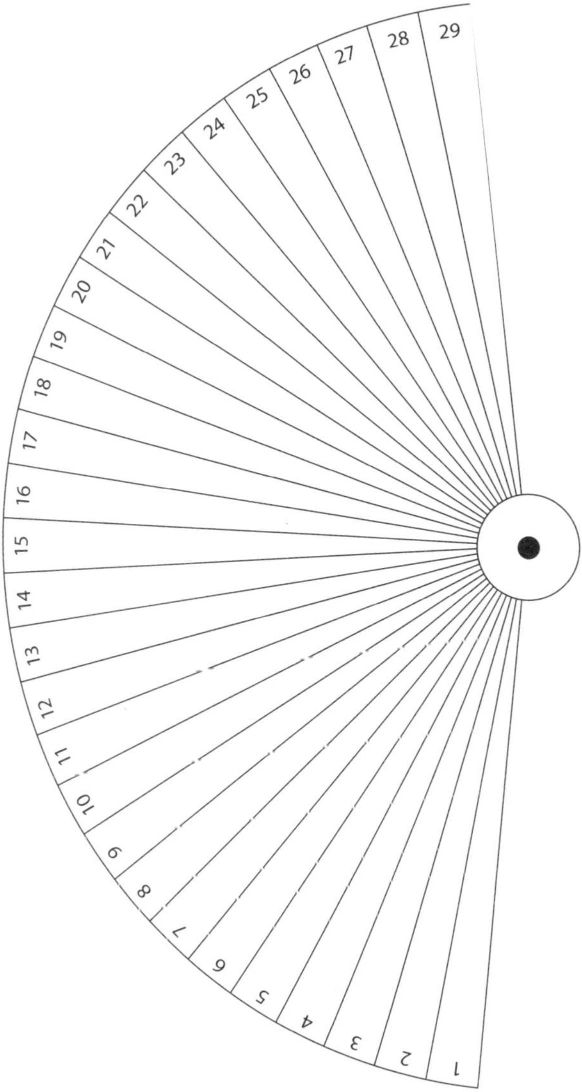
1
2
3
4
5
6
7
8
9
10
11
12
13
14
15
16
17
18
19
20
21
22
23
24
25
26
27
28
29

Erzengel Zadkiel

Sein Name bedeutet: „Wohlwollen Gottes".
Erzengel Zadkiel ist ein Engel der Wandlung und Transformation. Er fördert das natürliche Potenzial im Menschen, und so, wie aus einer Raupe ein Schmetterling wird, hilft er uns, uns in eine immer vollkommenere, bewusstere Ebene hineinzuentwickeln.
Er verbindet den Himmel mit der Erde und ermöglicht es uns, uns darin auszudehnen.

Zadkiel möchte uns innere und äußere Freiheit schenken. Er kann uns dabei helfen, unerlöste Wesensanteile zu transformieren und uns selbst im Gesetz von Ursache und Wirkung zu erkennen. Doch müssen wir auch Wandlung, Änderung, Vergebungs- und Versöhnungsprozesse zulassen. Der Wandel zum Guten kommt, wenn wir erkennen, dass auch die negativsten Erfahrungen in unserem Leben dem Prinzip von Ursache und Wirkung entstammen und somit unserem Lernen und Wachsen dienen.

Die Arbeit mit der Energie von Erzengel Zadkiel kann in uns ganz neue Welten und Sichtweisen eröffnen. Er ist es, der uns unser 3. Auge öffnet für die spirituellen Wahrheiten, die Wahrheit über uns selbst. In seinem Licht erkennen wir, wer wir sind, wer wir waren, und wer wir immer sein werden.
Für alles, was wir erleben, haben wir irgendwann selbst die Saat ausgesät. Wir ernten nur, was wir säen.
Erst wenn wir bereit sind, die volle Verantwortung für unser Denken und Handeln zu übernehmen, kann uns Erzengel Zadkiel zu wirklicher Freiheit führen. Durch ihn

können wir unsere Fixierungen und starren Denkmuster erkennen. Sobald wir also erkannt haben, dass wir unsere Probleme selber kreieren, steht uns Erzengel Zadkiel gerne zur Seite, um uns auf eine höhere Ebene der Erkenntnis zu bringen.

Durch Zadkiel blicken wir auf die Schatten der Vergangenheit, auch von früheren Inkarnationen. Sie werden uns durch unsere derzeitige Realität gespiegelt. Im Erkennen dieser übergeordneten Zusammenhänge können wir unsere Schatten, sprich unser Karma, lösen. Hier sind immer Vergebungs- und Versöhnungsprozesse, auch mit sich selbst, angebracht, aber auch, dass wir die einmal erkannten Fehler nicht mehr wiederholen.
Mit seiner Hilfe können wir wieder lernen, die Eigenverantwortlichkeit für unser gesamtes Leben zu übernehmen und auf allen Ebenen gereinigt und ganz zu werden.

Er arbeitet mit der violetten Flamme der Transformation (violetter Strahl).

Wo oder wie kann Erzengel Zadkiel mir helfen? (1)

1 Begleitet mich und gibt mir die richtigen Impulse
2 Beschleunigt meine spirituelle Entwicklung
3 Beseitigt Hindernisse zwischen mir und dem Schöpfer
4 Erlöst meine Schuldgefühle
5 Ermöglicht die Wandlung und Heilung starrer Strukturen in meinem Leben
6 Ermuntert mich zu mehr Toleranz
7 Führt mich zur Vollkommenheit
8 Gibt mir Freiheit durch neues Denken
9 Hebt meine Energie an
10 Hilft mir bei meiner Bewusstseinsförderung
11 Hilft mir bei Trennungsgefühlen, alle Anteile wieder zu mir zu führen
12 Hilft mir, das loszulassen, was ich nicht mehr benötige
13 Hilft mir, alles loszulassen, was mir nicht mehr dient
14 Hilft mir, altes Karma zu wandeln
15 Hilft mir, auf die nächste Stufe meiner Transformation zu gelangen
16 Hilft mir, Begrenzungen zu erkennen und zu wandeln
17 Hilft mir, dem göttlichen Plan in Liebe zu folgen
18 Hilft mir, den Sinn einer Krankheit zu verstehen und diese zu heilen
19 Hilft mir, in meine Kraft zu kommen
20 Hilft mir, mein Bewusstsein auszudehnen
21 Hilft mir, mein Herz zu öffnen, wenn es durch Verletzung verhärtet ist
22 Hilft mir, meine ungeliebten Anteile anzunehmen
23 Fehlertafel
24 Andere

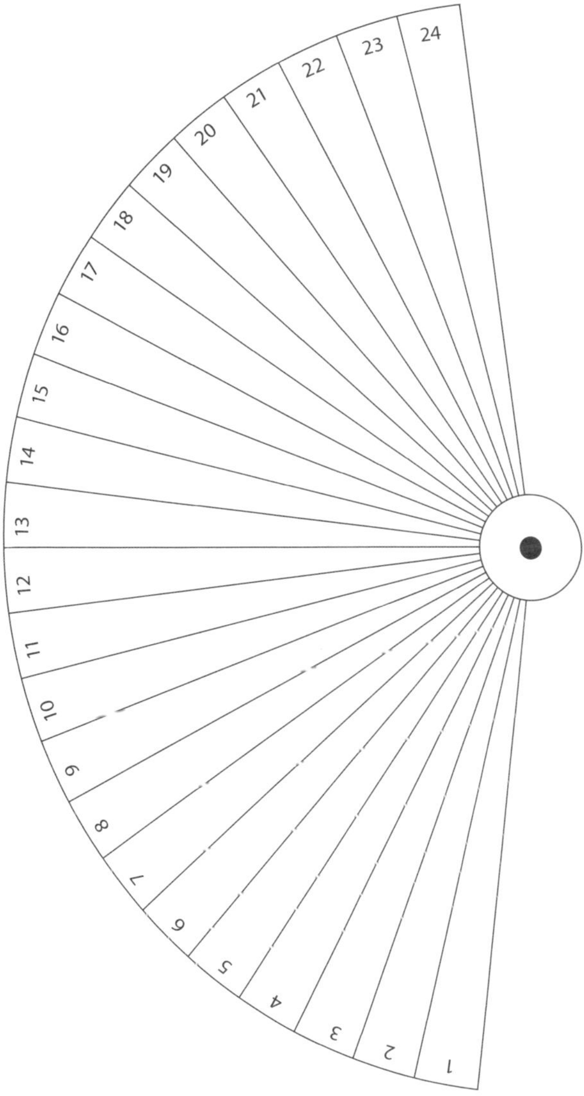
1
2
3
4
5
6
7
8
9
10
11
12
13
14
15
16
17
18
19
20
21
22
23
24

Wo oder wie kann Erzengel Zadkiel mir helfen? (2)

1 Hilft mir, meinen Energiekörper auszudehnen

2 Hilft mir, negative Strukturen zu durchschauen, im Innern wie im Außen

3 Hilft mir, unerträgliche Lasten abzulegen

4 Hilft mir, Wunden aus diesem Leben zu heilen

5 Hilft mir, Wunden aus früheren Leben zu heilen

6 Lindert meine Ängste, den nächsten Schritt zu machen

7 Reinigt mit der violetten Flamme der Transformation, was im Moment Thema ist

8 Unterstützt mich bei dem Thema: „Vollkommenheit durch Liebe"

9 Unterstützt mich bei den Herausforderungen des Lebens

10 Unterstützt mich bei meiner Potenzialentfaltung

11 Unterstützt mich in meinem Selbstvertrauen

12 Unterstützt mich in meinem Wachstum

13 Unterstützt mich, andern zu vergeben

14 Unterstützt mich, mir selbst zu vergeben

15 Unterstützt mich, taktvoller mit anderen Menschen umzugehen

16 Verhilft mir zu neuen Erkenntnissen

17 Verhilft mir zur Entfaltung

18 Verschafft mir mehr Klarheit in meinem Leben

19 Verwandelt dichte Energie in lichte Energie

20 Wandelt alles das, was ich nicht mehr benötige

21 Wandelt negative Energie in reines Licht

22 Wandelt Wut, Hass, Neid, etc. in lichte Energie um

23 Fehlertafel

24 Andere

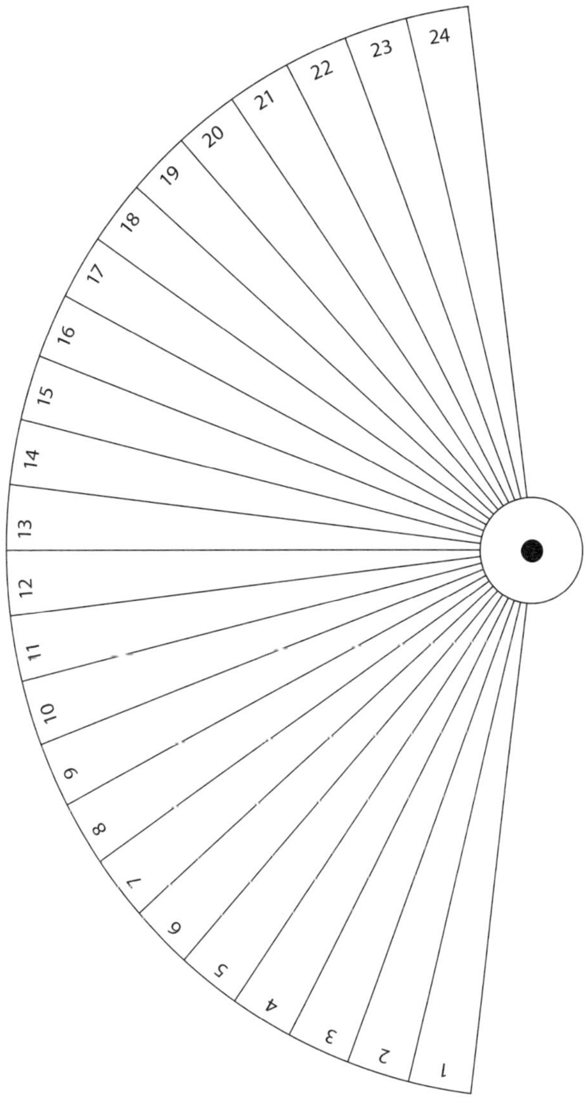
1
2
3
4
5
6
7
8
9
10
11
12
13
14
15
16
17
18
19
20
21
22
23
24

Erzengel Gabriel

Sein Name bedeutet: „Gottes Kraft“, „Reinheit Gottes“, „Gott hat sich gezeigt“.
Erzengel Gabriel ist der Verkünder und Überbringer von Botschaften. Wenn Gabriel in unser Leben tritt, sind wir gewiss, dass es eine neue, heilbringende Veränderung geben wird!

Er ist unser Ansprechpartner bei Geburtsvorgängen aller Art, sei es der Wunsch nach einem Kind, oder seien es Ideen, mit denen wir „schwanger“ gehen. Wenn wir uns zu seinem Licht hinwenden, öffnet er unser Bewusstsein für die höheren Ebenen.
Er hilft uns auch durch unsere Vergebungs- und Versöhnungsprozesse hindurch, um in einer neuen Betrachtungsweise voranzuschreiten.

Mit Gabriels Hilfe können wir an unseren unbewussten Prägungen arbeiten und sie verändern, mit seinem alles durchleuchtenden Licht bringt er uns die dazu nötige Erkenntnis.

Er reinigt unser Zellgedächtnis mit seinem kristallweißen Strahl und macht es aufnahmebereit für neue Informationen. Gabriel gilt als der Lehrer des Lebens.

Erzengel Gabriel vereinigt die Gegensätze, also Yin und Yang, und löst die Schwere aus unserem Leben, sodass unsere Seele lernt, sich frei zu bewegen, ja, sie bekommt mit seiner Hilfe Flügel.

Alle Neuanfänge und neuen Projekte stehen unter seinem Schutz. Er reinigt die alte Energie aus und gibt uns Kraft für den Neuanfang.

Er arbeitet mit dem kristallweißen Strahl.

Wo oder wie kann Erzengel Gabriel mir helfen? (1)

1 Befreit mich von Täuschungen und Abhängigkeiten
2 Begleitet mich im Tanz des Lebens
3 Begleitet mich in der Energie des Neuen Zeitalters
4 Bereinigt alle negativen Energien in meinem Wohnbereich
5 Bringt mir Kraft und Erkenntnis
6 Führt mich wieder auf meinen Seelenpfad
7 Führt mich zu mehr innerer Klarheit
8 Führt und unterstützt mich bei Veränderungen
9 Gibt mir das Gefühl, neu geboren zu werden
10 Gibt mir Energie, leuchtend, hoffnungsfroh und prickelnd
11 Gibt mir Startenergie für den Neubeginn
12 Gibt Hoffnung nach dem Prinzip: „Stirb und werde!"
13 Gibt mir das Vertrauen, mich an die lichtvollen Kräfte zu wenden
14 Gibt mir Klarheit in Entscheidungssituationen
15 Hilft bei einem Ortswechsel
16 Hilft beim Erkennen und Wandeln unerfüllter Sehnsüchte
17 Hilft mir, aus Erstarrung, Schwere und Hoffnungslosigkeit herauszutreten
18 Hilft mir, mein Lebensziel zu erkennen
19 Hilft mir, meine wahren Sehnsüchte herauszufinden und zu verwirklichen
20 Hilft mir, einen klaren Kopf zu bekommen
21 Hilft mir, neu zu wählen
22 Hilft mir, zu erkennen, wozu meine alten Muster gedient haben
23 Hilft mir, bei körperlichen Übergriffen die Folgen zu bereinigen
24 Hilft mir, meine wahre Berufung zu finden
25 Hilft mir, meinen Lebensplan zu verstehen
26 Hilft mir, offener auf andere zuzugehen
27 Andere

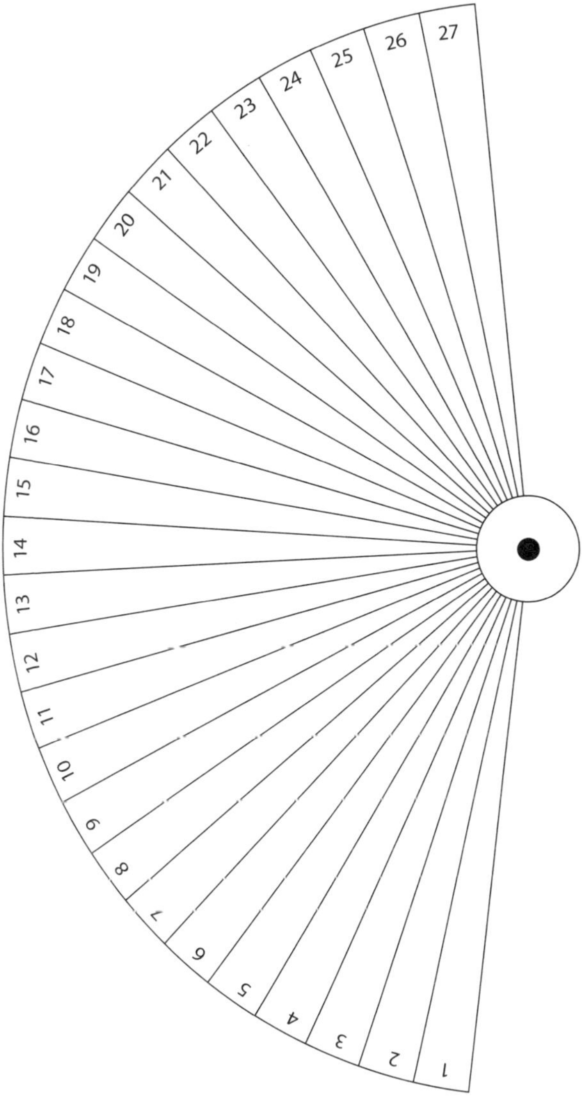
1
2
3
4
5
6
7
8
9
10
11
12
13
14
15
16
17
18
19
20
21
22
23
24
25
26
27

Wo oder wie kann Erzengel Gabriel mir helfen? (2)

1 Hilft mir, unangenehme Angewohnheiten abzulegen
2 Hilft mir, alles, was das Leben für mich bereit hält, anzunehmen
3 Hilft mir, mich mehr meiner inneren Führung anzuvertrauen
4 Hilft mir, Probleme anderer Menschen nicht so nah an mich herankommen zu lassen
5 Hilft, Depressionen aufzulösen mit dem kristallweißen Strahl
6 Klärt meine seherischen Fähigkeiten
7 Lässt mich erkennen, was ich an Altem gehen lassen kann
8 Reinigt mein Energiefeld
9 Segnet und schützt eine neue Beziehung
10 Unterstützt mich bei meinen Lern- und Lebensthemen
11 Unterstützt mich bei der Umsetzung meines Lebensplans
12 Unterstützt mich bei Veränderungen aller Art und gibt Schutz
13 Unterstützt mich beim Eintritt in einen neuen Lebensabschnitt
14 Unterstützt mich in meiner Freude
15 Unterstützt meine Vitalität und Lebenskraft
16 Unterstützt mich bei meiner Visionssuche
17 Unterstützt mich in meinem Selbstausdruck
18 Unterstützt mich mit dem Licht der Erlösung
19 Unterstützt mich nachts in meinen Träumen
20 Unterstützt mich, mich dem Fluss des Lebens hinzugeben
21 Unterstützt mit seinem kristallweißen Strahl meine Reinigung auf allen Ebenen
22 Unterstützt Reinheit und Reinigung
23 Unterstützt Veränderung
24 Verhilft mir zu göttlicher Führung
25 Vermehrt meine Lebensfreude
26 Zeigt mir den Sinn in meinem Leben
27 Andere

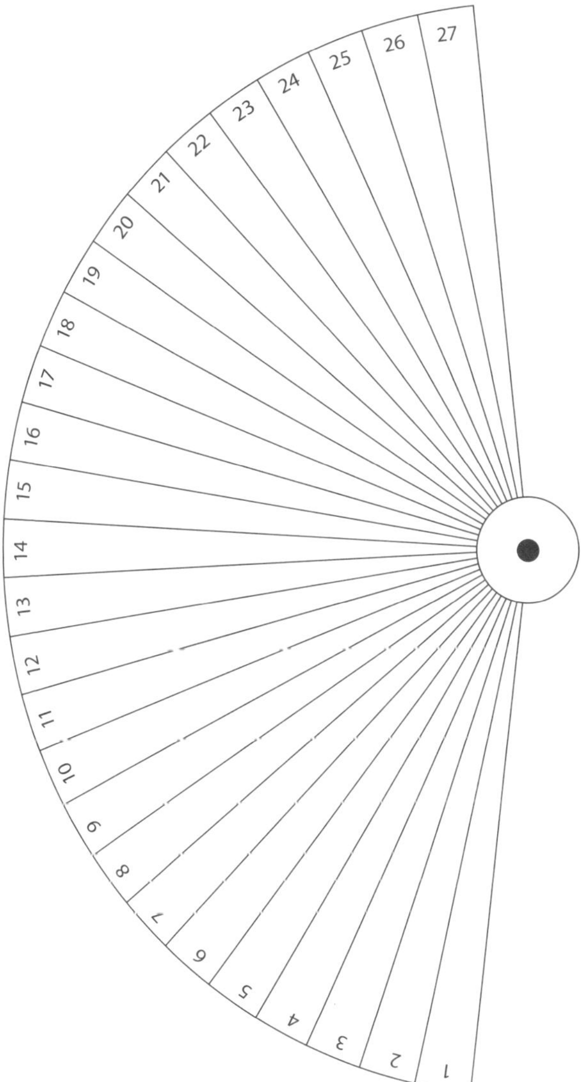

1
2
3
4
5
6
7
8
9
10
11
12
13
14
15
16
17
18
19
20
21
22
23
24
25
26
27

Erzengel Jophiel

Sein Name bedeutet: „Schönheit Gottes“ oder „Gott ist meine Wahrheit“.
Erzengel Jophiel bringt das göttliche Licht der Weisheit in alles Sein.
Er ist der Engel, der Weisheit, Wissen, Ideen und Geist in die Dinge und Menschen bringt. Er ist der Helfer, der mit Lehrern, Wissenschaftlern, Entdeckern und Weisen zusammenarbeitet.
Auch bringt er Entspannung und Trost in Situationen, die uns viel Kraft kosten, in denen wir uns klein, unwissend und machtlos fühlen.

Er hilft uns dabei, uns von wertendem Denken zu befreien, neue Freundschaft mit sich selbst und anderen zu schließen, er gibt geistige Klarheit und Erkenntnis und vermittelt die göttliche Wahrheit und das göttliche Wissen.

Er fördert alle Erkenntnisprozesse und hilft beim Lernen, auch für Prüfungen und in der Schule. Er stärkt die Konzentrationsfähigkeit und unterstützt unser Erinnerungsvermögen. Er hilft uns auch dabei, zu unterscheiden, was zu lernen für uns wichtig ist, und führt uns zu den notwendigen Erkenntnissen.

Er klärt unsere Gedanken und Gefühle.

Jophiel ist der Impulsgeber und hilft uns, die richtigen Entscheidungen zu fällen. Auf der anderen Seite ist er aber auch der Wissensgeber für die, die als Lehrer fungieren, die Wissen weitergeben, damit dieses Wissen im Einklang mit den göttlichen Gesetzen weitergegeben wird. Er unterstützt alle Lichtarbeiter.

Er fördert unsere Geduld und Liebe mit uns selbst und anderen. Sein Wissen können und dürfen wir nutzen, um unsere Probleme leichter zu lösen.

Erzengel Jophiel arbeitet mit dem goldgelben Strahl.

Wo oder wie kann Erzengel Jophiel mir helfen? (1)

1 Belebt meine müde Seele
2 Bringt meine verborgenen Talente ans Licht
3 Bringt Herz und Verstand in Einklang
4 Bringt mir Licht in der dunklen Jahreszeit
5 Erhellt eine schwierige Situation
6 Ermöglicht mir Antworten auf meine Lebensfragen
7 Fördert Harmonie in meinem Leben
8 Fördert meine Geduld
9 Fördert meine Intuition
10 Fördert mich in Evolution und Fortschritt
11 Fördert mich in meiner Stärke
12 Gibt mir geistige Klarheit
13 Gibt Trost und fördert die Geduld mit mir selbst und anderen
14 Hilft mir bei Prüfungen und Herausforderungen
15 Hilft mir beim Lernen (auch in der Schule oder Ausbildung)
16 Hilft mir in Prüfungen und bei Lernblockaden
17 Hilft mir mit sanfter, liebevoller und verbindender Energie
18 Hilft mir, abgespaltene Anteile zu integrieren
19 Hilft mir, besser den göttlichen Plan zu verstehen
20 Hilft mir, besser in die Einheit oder Zentrierung zu kommen
21 Hilft mir, die Wahrheit hinter den Dingen anzuschauen
22 Hilft mir, mehr im „Jetzt“ zu sein
23 Hilft mir, meine Spannungen und Selbstzweifel aufzulösen
24 Hilft mir, mich selbst besser zu verstehen
25 Hilft mir, Weisheit und Wissen zu entwickeln
26 Fehlertafel
27 Andere

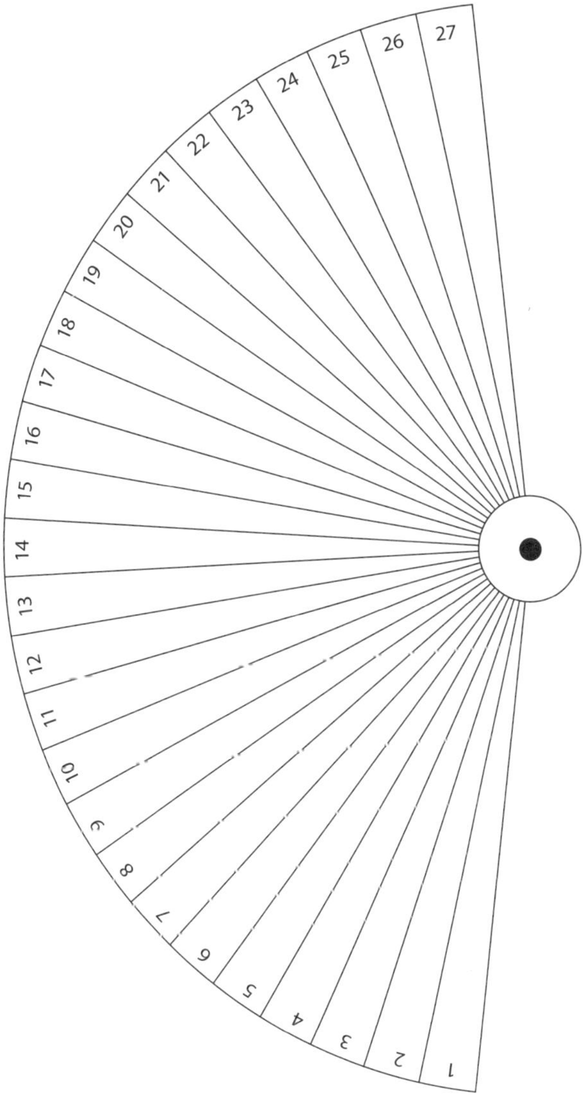
1
2
3
4
5
6
7
8
9
10
11
12
13
14
15
16
17
18
19
20
21
22
23
24
25
26
27

Wo oder wie kann mir Erzengel Jophiel helfen? (2)

1 Hilft mir, zu neuen Erkenntnissen zu gelangen
2 Kann mir Erleuchtung näherbringen
3 Lässt mich auf neue, kreative Ideen kommen
4 Lässt mich leicht durchs Leben gehen
5 Lässt mich mein inneres Licht wiederfinden
6 Lässt neue Impulse in mein Leben kommen
7 Offenbart mir die höheren Gesetze
8 Schafft Verbindung mit höheren Bewusstseinsanteilen
9 Schenkt mir blitzartige Eingebungen, wenn ich sie brauche
10 Stärkt die Verbindung zum Herzen
11 Stärkt die Weisheit des Herzens
12 Stärkt meine Präsenz
13 Stärkt meine Verbindung zu meinem Höheren Selbst
14 Stärkt und unterstützt mich in meinen Visionen
15 Stärkt zielgerichtetes Handeln
16 Unterstützt mein spirituelles Erwachen
17 Unterstützt mich dabei, Dinge „von außen" anzusehen
18 Verbindet alle Ebenen meines Seins
19 Verbindet mich mit meinen höheren Chakren
20 Verbindet mich mit meinen höheren feinstofflichen Körpern
21 Verhilft mir zu innerem Frieden
22 Verhilft mir zu mehr Inspiration
23 Verhilft mir zu spirituellen Eingebungen
24 Vermittelt mir Humor und Heiterkeit
25 Vermittelt mir Klarheit und Unterscheidungskraft
26 Fehlertafel
27 Andere

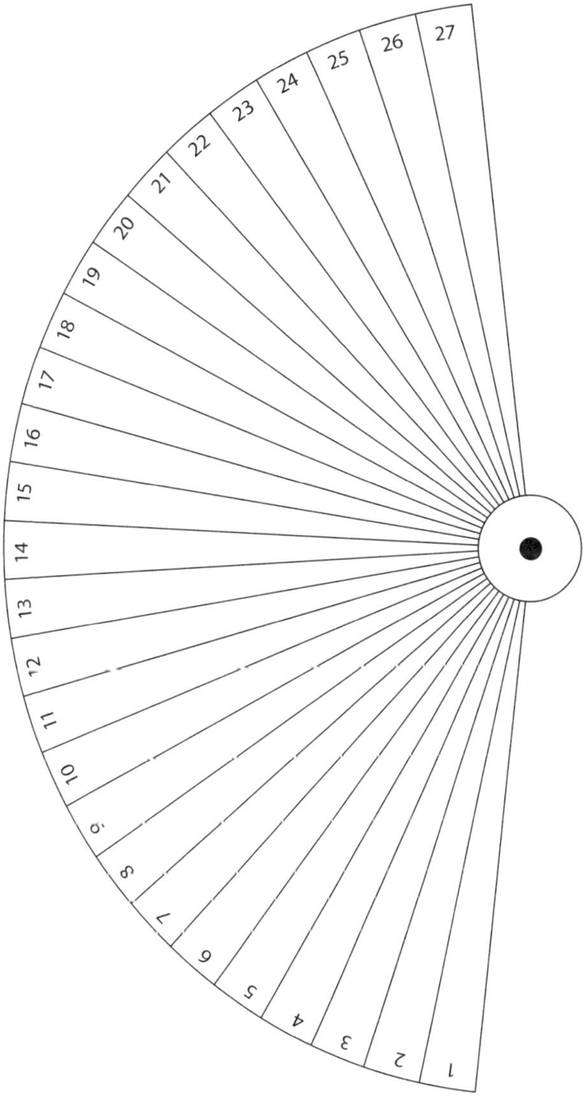
1
2
3
4
5
6
7
8
9
10
11
12
13
14
15
16
17
18
19
20
21
22
23
24
25
26
27

Erzengel Haniel

Sein Name bedeutet: „Gottesseher", „Herrlichkeit Gottes". Seine Aufgabe ist es, den Menschen im göttlichen Bewusstsein aufzurichten, in seine göttliche Macht und Größe hineinwachsen zu lassen.
Die Energie von Haniel verbindet das hohe Bewusstsein mit der irdischen Ebene.

„Unsere tiefste Angst ist nicht etwa die, dass wir nicht gut genug sind.
Unsere tiefste Angst ist, dass wir über alle Maßen mächtig sind.
Es ist unser Licht, das uns Angst macht, nicht unsere Dunkelheit!
Wir fragen uns selbst: Wer bin ich denn, dass ich brillant, großartig, talentiert und fantastisch sein soll?
In Tat und Wahrheit ist es aber so: Wer bist du, dass du all' das nicht sein solltest?"
(Nelson Mandela)

Haniel ist der Erzengel, der die Weiterentwicklung des Menschen, seine Evolution in diesem Leben zur Vollendung führt.

Mit Haniels Hilfe können wir uns neue Ebenen und neue Dimensionen erschließen.
Er ist der Erzengel, der uns mit Leichtigkeit Quantensprünge ermöglicht. Er fördert die Lichtarbeit des neuen Zeitalters und bringt uns Menschen in die jeweils neue Energie. Gleichzeitig unterstützt er uns sanft und liebevoll in eigenverantwortlichem Denken und Handeln.

Wir erkennen unsere eigenen kreativen Fähigkeiten und lernen, sie für die Gestaltung unserer Zukunft konstruktiv zu nutzen.

Erzengel Haniel lässt uns unsere Bestimmung und Größe erkennen, ohne dass wir anmaßend oder abgehoben handeln. Er zeigt uns die Qualität von Geben und Nehmen und stärkt uns den Rücken, damit wir aufrecht weitergehen können. Dabei verlieren wir niemals die anderen aus den Augen und können so, mit seiner Hilfe, auch sie stützen und begleiten.

Er unterstützt uns, wenn der physische Rücken schmerzt, und hilft uns, nicht einzuknicken, wenn uns die Last des Lebens zu erdrücken scheint.

Er arbeitet mit dem hellblau-weißen Strahl.

Wo oder wie kann Erzengel Haniel mir helfen? (1)

1 Aktiviert den Energiekanal des Menschen zwischen Himmel und Erde
2 Befreit mich von unnötigem Ballast und bringt mein Inneres zum Leuchten
3 Bringt Klarheit aus den Tiefen meines Bewusstseins nach oben
4 Ermuntert mich zum Handeln
5 Fördert meine Zivilcourage
6 Gibt mir Ausdauer
7 Gibt mir die Kraft, vorwärts zu gehen
8 Gibt mir die Kraft, zu meiner Wahrheit zu stehen
9 Gibt Freude, Kraft, Selbstvertrauen
10 Hilft bei Selbstzweifeln
11 Hilft mir bei Rückenbeschwerden, wenn die Last zu groß ist
12 Hilft mir, alte Gedankenmuster loszulassen und neue, passendere zu finden
13 Hilft mir, andere Menschen besser zu verstehen
14 Hilft mir, meinem Selbstbetrug auf die Schliche zu kommen
15 Hilft mir, mich innerlich aufzurichten
16 Hilft mir, einen unangenehmen Vorgang durchzustehen
17 Hilft mir, klare und diplomatische Worte zu finden, ohne mich zu verbiegen
18 Hilft mir, wenn ich dabei bin, die Balance zu verlieren
19 Hilft mir, konsequenter zu sein
20 Hilft mir, meine Freude im Herzen mehr zu fühlen
21 Hilft mir, mich besser zu konzentrieren
22 Fehlertafel
23 Andere

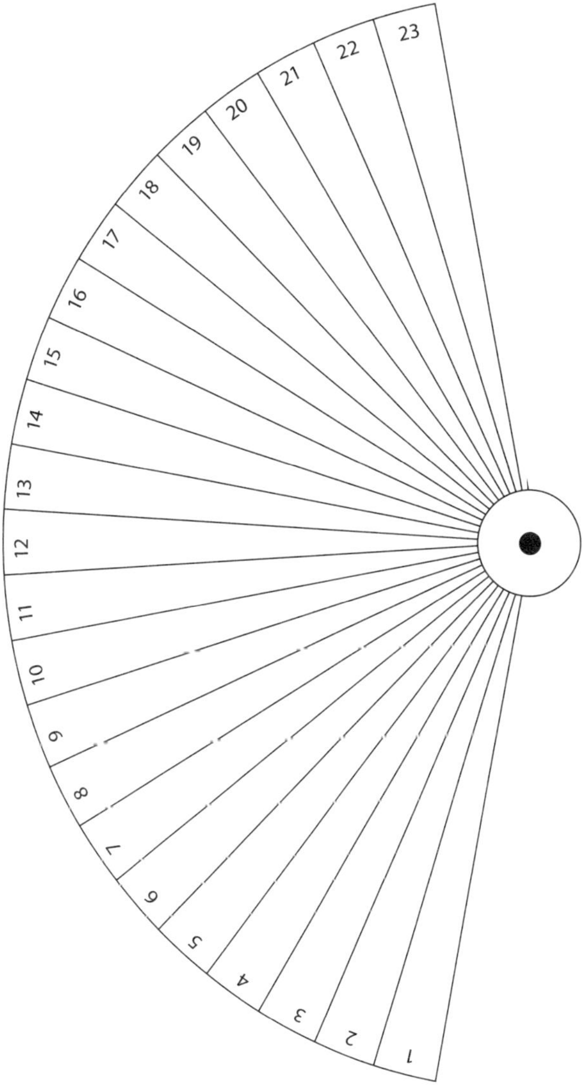
1
2
3
4
5
6
7
8
9
10
11
12
13
14
15
16
17
18
19
20
21
22
23

Wo oder wie kann Erzengel Haniel mir helfen? (2)

1 Hilft, die eigene Größe zu erkennen und zu leben
2 Hilft, Illusionen zu durchschauen
3 Hilft, selbst gemachte Illusionen zu durchschauen
4 Hilft, Selbstbetrug aufzulösen
5 Lässt mich meine ursprüngliche Bestimmung erkennen
6 Löst Blockaden aller Art, die mit Vorwärtsgehen zu tun haben
7 Stabilisiert mich, sodass ich in meiner Mitte bleiben kann
8 Stärkt meinen Selbstwert
9 Stärkt mich in meiner Herzenergie
10 Stärkt mir den Rücken
11 Unterstützt mich, meine Wahrheit zu erkennen
12 Unterstützt mich, mit dem Fluss des Lebens zu gehen
13 Unterstützt mich darin, zugleich sanft und mutig zu sein
14 Verbrennt mit seinem Licht meine niederen Ego-Anteile
15 Verhilft mir zu mehr Authentizität
16 Verhilft mir zu mehr innerer Freiheit
17 Vermittelt Freude am Leben, am Sein
18 Verschafft mir Weite, Entspannung
19 Verstärkt meine innere Stimme
20 Zeigt mir meine überzogenen Erwartungen an mich selbst oder andere auf
21 Fehlertafel
22 Andere

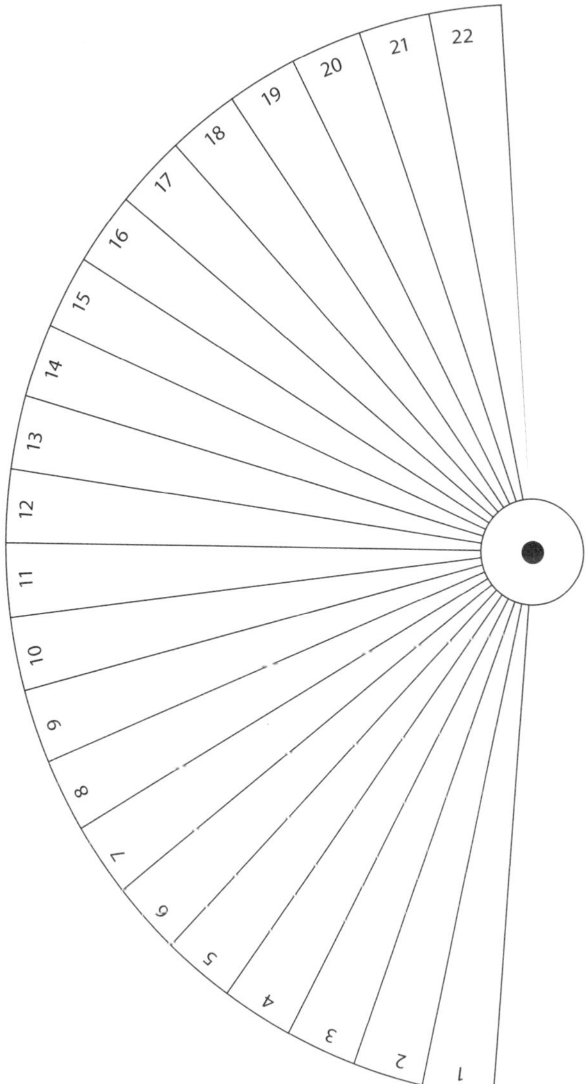
1
2
3
4
5
6
7
8
9
10
11
12
13
14
15
16
17
18
19
20
21
22

Erzengel Grace

Sein Name bedeutet: „Gnade Gottes".
Erzengel Grace bringt dem wahrhaft Suchenden Frieden und Erlösung von karmischen Belastungen und energetischen Blockaden.
Er ist der Engel, der hilft, wenn „gar nichts mehr" geht.
Er ist ein Geschenk Gottes an die Menschen. Gnade ist nichts, was man sich verdienen muss, sie wird einem einfach geschenkt.
Wenn wir uns selbst würdigen, dieses Geschenk anzunehmen, ist er da und hilft sofort.

Durch den Weg der Seele über viele Inkarnationen haben wir Mengen an unverarbeiteten Erlebnissen in unseren Zellen gespeichert und durch bestimmte Handlungen Karma geschaffen. Dies kann sich nun im heutigen Leben durch Krankheiten, belastende Beziehungen oder Armut zeigen. Wir haben weder die Zeit noch das Wissen, alles einzeln zu bearbeiten, daher hat uns die göttliche Gnade mit Erzengel Grace einen Helfer an die Seite gestellt, der uns, wenn wir ihn darum bitten, diese Informationen aus den Zellen und der Seelenebene, die auch ein Gedächtnis darstellt, löscht. Dies geschieht durch den silbernen Strahl der Gnade.

Wir haben zu wenig Zeit, um alles Karma durch Prozesse aufzulösen. Da die Lichtenergien auf der Erde immer stärker ansteigen, wird bei allen Menschen der Lichtkörperprozess immer intensiver.

Grace ist eine neutralisierende göttliche Energie und steht allen Menschen zur Verfügung. Mit der Auflösung verne-

belnder Gedanken und Glaubensmuster, Krankheiten und überholter Handlungen kann nun Klarheit darüber entstehen, wer wir wirklich sind und was wir für neue Möglichkeiten haben.
Die Energie wirkt wie ein kosmisches Lösungs- und Reinigungsmittel.

Wir können die Kraft von Grace in jedem Bereich unseres Lebens nutzen.
Wo immer wir heftig emotional reagieren, wo immer etwas stockt, blockiert, kaputt ist, können wir Grace bitten, das entsprechende Muster aufzulösen. Damit ist es an uns, entsprechend zu handeln.

Er arbeitet mit dem silberfarbenen Strahl.

Wo oder wie kann Erzengel Grace mir helfen? (1)

1 Bereinigt mit seinem silbernen Strahl geistige Unklarheiten
2 Bringt tiefes Verständnis für andere Menschen
3 Bringt tiefes Verständnis für mich selbst
4 Gibt Balsam auf meine Seele
5 Gibt Hoffnung
6 Gibt liebevollen Trost in verzweifelten Situationen
7 Gibt mir Geborgenheit in allen Lebenslagen
8 Hilft bei der Auflösung von übernommenem Karma
9 Hilft bei der Erlösung von eigenen karmischen Belastungen
10 Hilft bei schweren Blockaden
11 Hilft bei Verschmutzung meiner Energiekörper
12 Hilft bei Verstrickungen aller Art
13 Hilft mir, einen Unfall von jetzt oder früher zu verarbeiten
14 Hilft mir, Fremdenergien aus meinem System zu transformieren
15 Hilft mir, hartnäckige Blockaden zu bearbeiten
16 Hilft mir, Schuldgefühle abzulegen
17 Hilft mir, Süchte loszulassen
18 Hilft mir, Trauer loszulassen
19 Fehlertafel
20 Andere

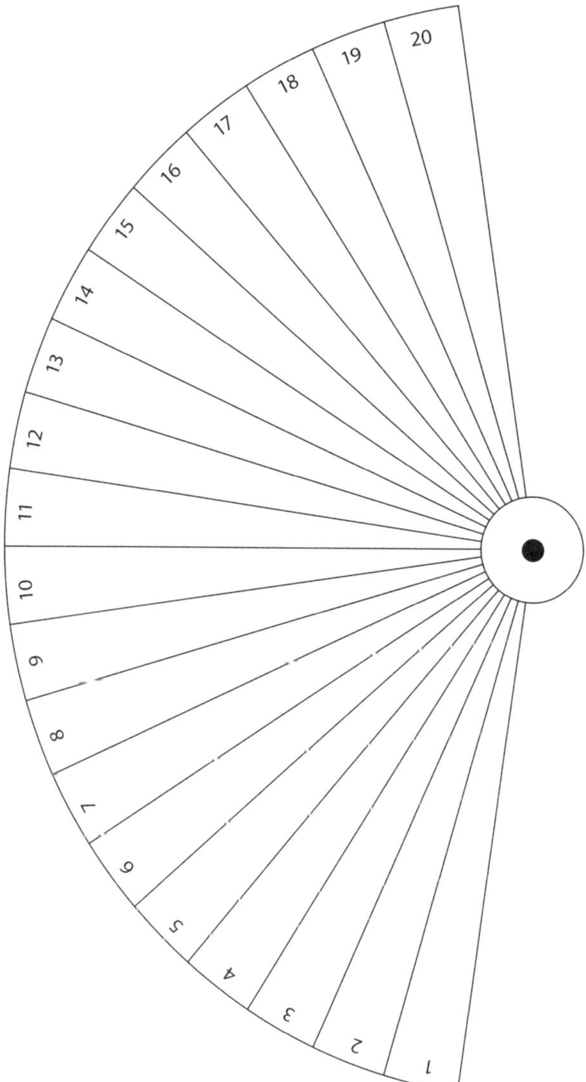
1
2
3
4
5
6
7
8
9
10
11
12
13
14
15
16
17
18
19
20

Wo oder wie kann Erzengel Grace mir helfen? (2)

1 Hilft mir, zu erkennen, was hinter den Problemen steht
2 Hilft mir mit mütterlich-weiblicher Qualität
3 Hilft mir, Menschen und Umstände einfach „so stehen zu lassen“
4 Hilft mir, mich selbst und andere zu akzeptieren
5 Hilft mir, belastende Familienbande aufzulösen
6 Hilft mir, den eigenen Raum einzunehmen
7 Kann mir zusammen mit Erzengel Zadkiel und seinem violetten Strahl bei meinen Problemen helfen
8 Nährt mich mit umsorgender Energie
9 Reinigt mein Meridiansystem mit dem silbernen Strahl der Gnade
10 Reinigt meine Chakren mit dem silbernen Strahl der Gnade
11 Reinigt meine Energiekörper mit dem silbernen Strahl der Gnade
12 Spendet mir Trost in dunklen Tagen
13 Stärkt mein Herz für mehr bedingungslose Liebe
14 Stärkt mein Vertrauen, dass ich weitergehen kann
15 Stärkt mich, wenn ich etwas Liebes verloren habe
16 Unterstützt mich mit liebevoller und fürsorglicher Energie
17 Verhilft zu einem vollkommenen Annehmen des Ist-Zustandes
18 Fehlertafel
19 Andere

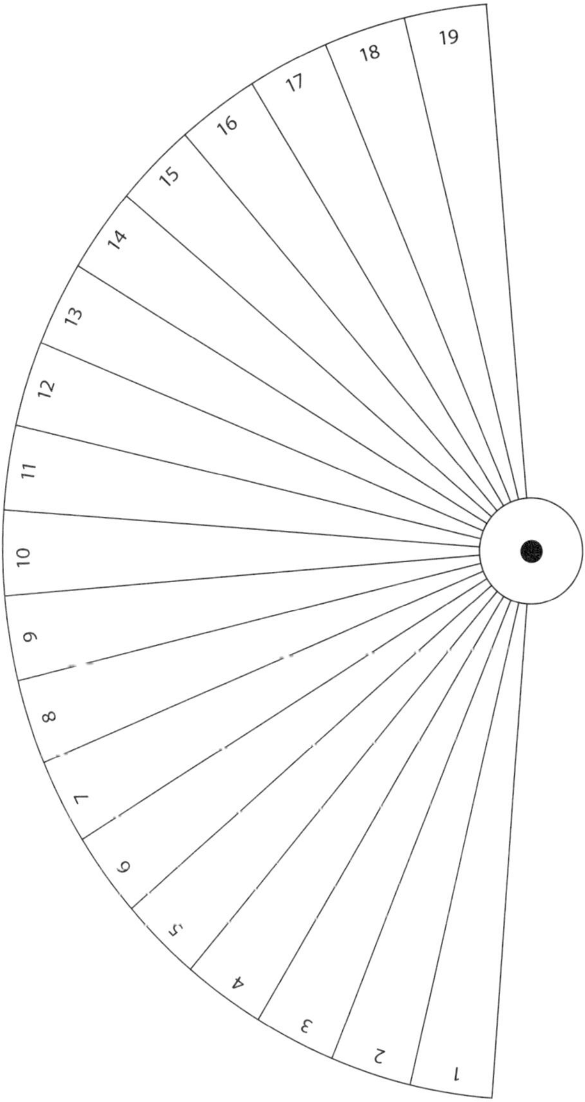
1
2
3
4
5
6
7
8
9
10
11
12
13
14
15
16
17
18
19

Erzengel Metatron

Sein Name bedeutet: „Der einen Thron neben Gott einnimmt“.
Er wird oft als Engelsfürst bezeichnet und war auch schon auf Erden als Mensch inkarniert.
Er besitzt die höchste Schwingung der Erzengel.
Als „Hüter der Schwelle“ zwischen Materie und Nichtmaterie bringt Metatron Ideen und Möglichkeiten in die Form.

Metatron kann das Göttliche und Menschliche vereinen, den Menschen, wenn er zu entsprechender Reife entwickelt ist, den Aufstieg auf die überirdische Ebene ermöglichen (nächste Dimension). Durch ihn können wir Heilung in der ganzen Tiefe unseres Seins erfahren.

Er kann uns den Zugang zu den spirituellen und esoterischen Wissenschaften ermöglichen. Durch ihn können wir aber auch die dringend notwendige Fähigkeit lernen, den spirituellen Hochmut des Alleswissers und Alleskönners abzulegen. Mit seiner Energie wird es uns möglich, tief verborgenes Wissen in uns selbst wiederzufinden, ja sogar, uns und die Welt neu zu entdecken.

Bei ihm können wir eine Auskunft über uns selbst einholen, aber wir müssen auch bereit sein, uns den Schleier von unserem Bewusstsein herunterziehen zu lassen. Nur so werden wir uns selbst in einem neuen Licht sehen können.

Mit Metatron erleben wir die große Metamorphose (Wandlung). Wir können uns wieder so zeigen, wie wir sind, wie wir ursprünglich gedacht waren. Vieles liegt durch eventuell zahlreiche Inkarnationen in uns selbst verborgen, und wenn wir uns für die Offenbarungen öffnen, finden wir im Grunde unseres Herzens das „vergrabene“ Wissen. Dies geschieht jedoch nur, wenn wir in die Stille gehen, in die Meditation. Metatron lässt in uns den göttlichen Funken bewusst werden. Dies kann sich durch tiefe innere Stille, Zufriedenheit, plötzliche Klarheit, Heiterkeit, Glückseligkeit oder Ähnliches ausdrücken.

Er hilft uns dabei, unsere eigene Göttlichkeit anzunehmen. Er arbeitet aus dem dunkel-samtenen Nichts heraus und vereint in sich alle Farbstrahlen.

Wo oder wie kann Erzengel Metatron mir helfen? (1)

1 Begleitet mich auf meinem Einweihungsweg
2 Ermöglicht Erkenntnisse
3 Eröffnet mir die ganze Fülle des göttlichen Bewusstseins
4 Erweckt alle meine feinstofflichen Energiefelder
5 Führt mich zurück in die Einheit
6 Führt mich zur Erkenntnis der Einheit allen Seins
7 Führt zu mehr Bewusstheit
8 Gibt allumfassende Liebe
9 Hilft mir in Zeiten von Wandlungen und Übergängen
10 Hilft mir bei der Verwirklichung meiner höchsten Ziele
11 Hilft mir bei meiner Wunscherfüllung
12 Hilft mir, mich ganz und vollkommen anzunehmen
13 Kann mich in tiefe Meditation führen
14 Kann für mich Bewusstseinstore öffnen
15 Fehlertafel
16 Andere

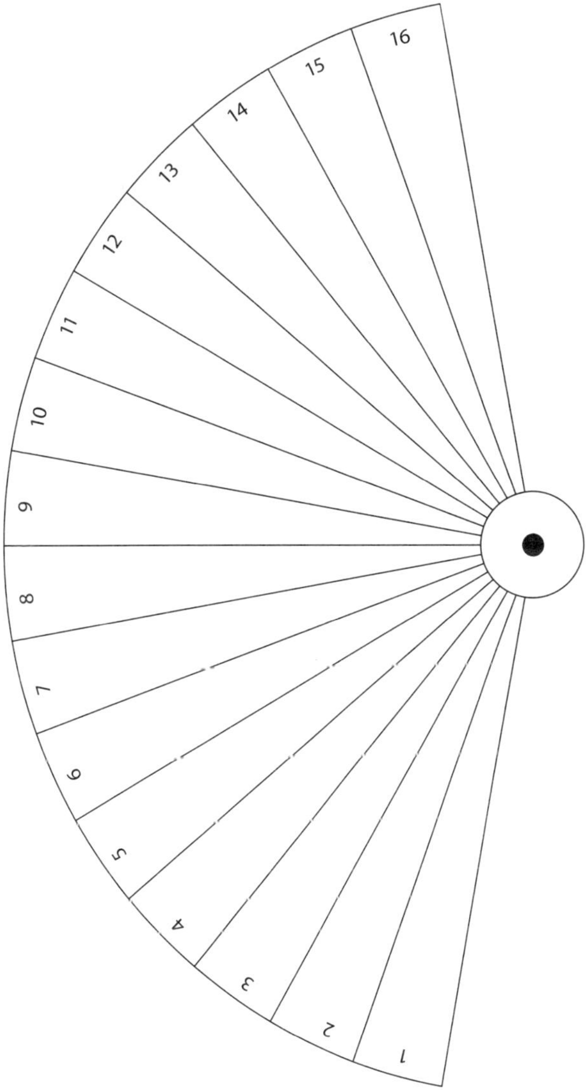
1
2
3
4
5
6
7
8
9
10
11
12
13
14
15
16

Wo oder wie kann Erzengel Metatron mir helfen? (2)

1 Lässt mich die Wunder in meinem Leben erkennen
2 Lässt mich meinen Weg erkennen
3 Lässt mich den Raum der Leere, des Nichts erkennen
4 Lässt mich Möglichkeiten erkennen
5 Lässt mich den Segen Gottes in jedem Moment erfahren
6 Öffnet den Blick für das Wesentliche
7 Stärkt die Anbindung an die eigene Göttlichkeit
8 Verbindet mich mit der Einheit
9 Verbindet mich mit dem goldenen Licht der Glückseligkeit
10 Verhilft mir zu mehr innerer Stille
11 Verhilft mir zur inneren Meisterschaft
12 Vermittelt reines Bewusstsein
13 Zündet den Funken der göttlichen Liebe und des Lichtes in mir an
14 Führt mich zu Wunschlosigkeit und Zufriedenheit
15 Fehlertafel
16 Andere

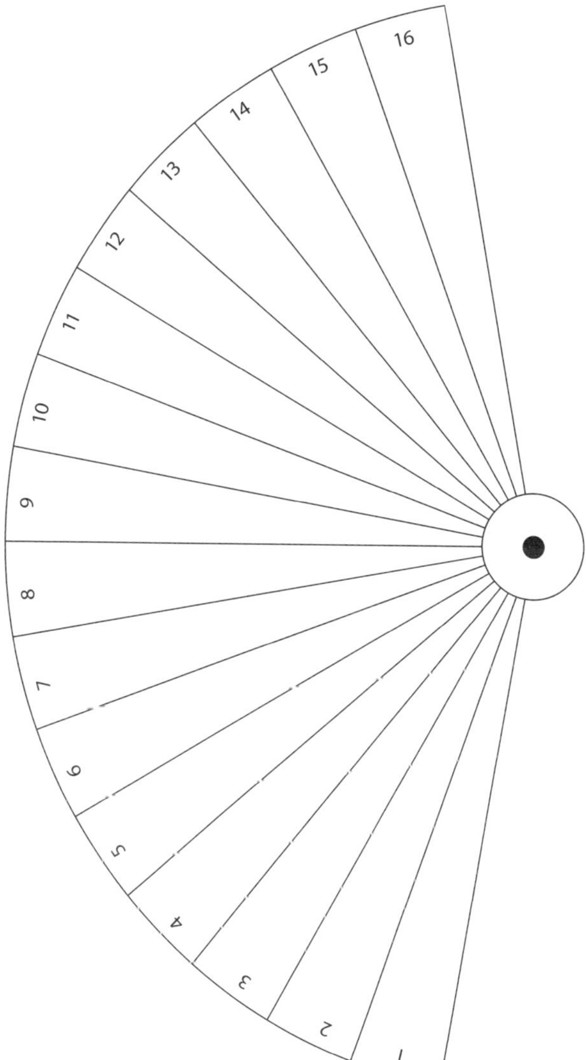
1
2
3
4
5
6
7
8
9
10
11
12
13
14
15
16

Erzengel Sandalphon

Erzengel Sandalphon verbindet die weibliche, sanfte Seite der Seele mit dem Mut und der Stärke der männlichen Seite. Seine Energie ist von einer großen Tiefe und Zartheit. Sie ruft romantische und weiche Gefühle in uns wach und führt uns zu den verborgenen Wassern unserer Seele, in denen sich unsere tiefsten Sehnsüchte spiegeln.

Erzengel Sandalphon ermöglicht es uns, dass wir unserem inneren Kind begegnen können. Er hilft uns dabei, den Seelenpartner, die Zwillingsseele zu finden.
Mit Sandalphon können wir unsere Träume erfüllen. Er hat die Energie für Wunsch- und Traumerfüllung. Aber wir müssen auch sehr genau überlegen, was wir uns wünschen, denn wenn er unsere Wünsche erfüllt, sollten wir uns auch der folgenden Konsequenzen bewusst sein. Er erfüllt die Wünsche, soweit es im göttlichen Plan möglich ist, berücksichtigt und achtet dabei aber den freien Willen der Seele und die Freiheit der anderen.

Sandalphon findet unsere Gefühle, die wir in den verborgensten Ecken unserer Seele vergraben haben, und holt sie ans Licht. Er hilft uns dabei, göttliche Liebe zu erfahren, die weit über die irdische Liebe oder Erotik hinausgeht. Er vermittelt uns die hohe Macht der bedingungslosen Liebe. Er heilt verletzte und tief verwundete Herzen, hilft zu ganzheitlicher Vergebung auf allen Ebenen, auch der Vergebung und Versöhnung mit uns selbst.

Mit Erzengel Sandalphon bekommen wir wieder Zugang zu unserer weichen, verletzlichen und sanften Seite in uns.

Seine Einwirkung führt uns in eine ungeahnte Tiefe von Gefühl und Sanftmut. Wir können wieder Romantik erleben.

Sandalphon spiegelt uns unsere tiefsten Sehnsüchte und zeigt uns den Weg, wie wir diese Traumvisionen in die Wirklichkeit bringen können. Träume müssen keine Träume bleiben.
Falls wir also das Bedürfnis haben sollten, „Sterne vom Himmel zu pflücken", so ist er unser Ansprechpartner.

Er symbolisiert die reinste Form der wahrhaftigsten Liebe überhaupt, der Liebe ohne Bedingungen. Mit seiner Hilfe können wir unser Leben mit einer der liebevollsten Energien, die es gibt, verändern und unsere kühnsten Träume verwirklichen, solange sie das Herz eines anderen Menschen nicht verletzen.

Sandalphon ist der Engel, der für die meist traurigen oder belasteten Seelenpartnerschaften zuständig ist. Dualseelen können oft nicht zusammenkommen, da sie für eine Beziehung auf dem reinsten göttlichen Liebesniveau bestimmt sind, das es gibt. So müssen die beiden Seelen erst durch ihre eigenen Transformations- und Karmaprozesse hindurchgehen, bevor sie zusammenfinden können, was in vielen Fällen von Seelenpartnerschaften leider nicht erreicht wird. Hier kann Erzengel Sandalphon helfen, Verständnis und Liebe aufzubauen, wenn beide es wünschen.

Er arbeitet mit dem magentafarbenen Strahl.

Wo oder wie kann Erzengel Sandalphon mir helfen? (1)

1 Bringt mich in den Zustand der Vollendung
2 Ermöglicht es mir, mich für himmlische und irdische Liebe zu öffnen
3 Fördert meine Selbstliebe
4 Fördert Glückseligkeit in mir
5 Führt mich in eine große Gefühlstiefe
6 Gibt mir die Kraft, zu verzeihen, Vergebung auf allen Ebenen zu leben
7 Gibt mir den Mut, meine Gefühle zuzulassen
8 Gibt mir die Fähigkeit, wieder wie ein Kind zu staunen
9 Gibt mir Kraft, meine tiefsten Wünsche zu verwirklichen
10 Heilt mein inneres Kind
11 Heilt tief verwundete Herzen
12 Hilft mir dabei, die Blockaden zu lösen, die das Zusammenkommen mit dem/der Seelenpartner/-partnerin behindern
13 Hilft mir, männliche und weibliche Energien zu verbinden
14 Hilft mir, Träume zu realisieren
15 Hilft mir liebevoll bei Veränderungen
16 Hilft mir, aus der Wertung zu gehen
17 Hilft mir, das Unmögliche möglich zu machen
18 Hilft mir, mir selbst zu vergeben und mich selbst anzunehmen
19 Fehlertafel
20 Andere

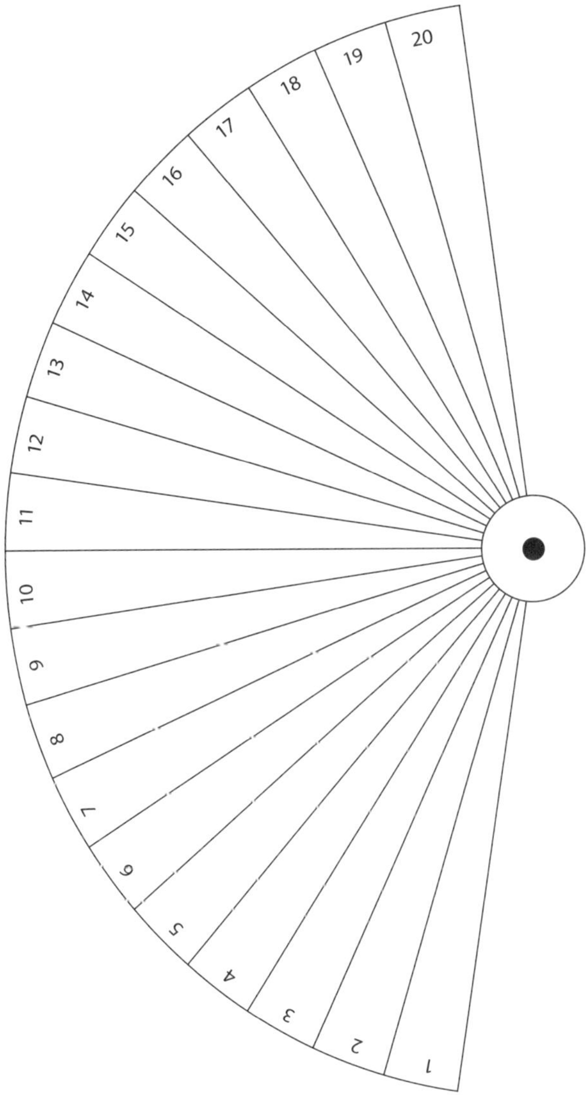
1
2
3
4
5
6
7
8
9
10
11
12
13
14
15
16
17
18
19
20

Wo oder wie kann Erzengel Sandalphon mir helfen? (2)

1 Hilft mir, nach den Sternen zu greifen
2 Hilft mir, dem inneren Lichtkind zu begegnen
3 Kann mein wundes Herz heilen
4 Lässt mich Dinge mit Humor betrachten
5 Lässt mich weicher und nachgiebiger werden
6 Lässt mich wieder an Wunder glauben
7 Lehrt mich bedingungslose Liebe
8 Stärkt die Hingabe an das Göttliche
9 Unterstützt bei Geburt und Neuanfang
10 Unterstützt mich darin, Gefühle zuzulassen und aus dem Verborgenen zu holen
11 Unterstützt Geburtsvorgänge aller Art
12 Unterstützt meine natürliche Autorität
13 Unterstützt mich beim Finden meines Seelenpartners
14 Unterstützt mich mit reiner wahrhaftiger Liebe
15 Unterstützt mich bei familiären Problemen
16 Verbindet gegensätzliche Pole zu einer Einheit
17 Verschafft mir Klarheit über meine tiefsten Gefühle
18 Zeigt mir meine sanfte Seite
19 Fehlertafel
20 Andere

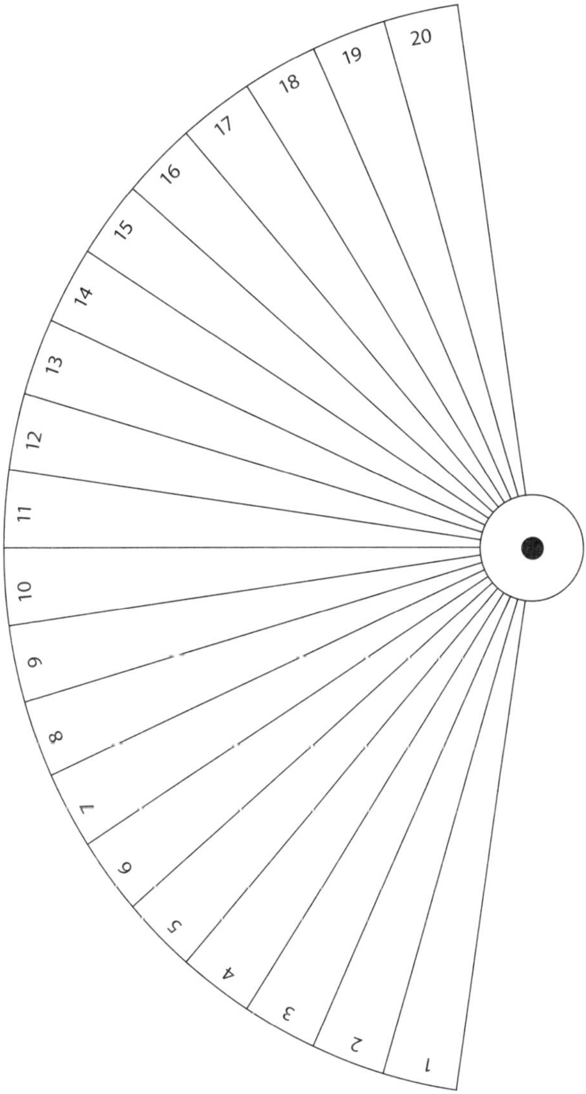
1
2
3
4
5
6
7
8
9
10
11
12
13
14
15
16
17
18
19
20

Erzengel Uriel

Sein Name bedeutet: „Gottes Feuer“, „Gottes Licht“, „Licht von Gott kommend“.
Uriel ist der der Materie am nächsten zugewandte, der „dichteste“ der Erzengel. Er ist am stärksten mit der Erde verbunden. Auf der Brücke zwischen dem Göttlichen und Irdischen bildet er den Brückenkopf zur Materie.

Er ist der Erzengel, den wir um geistige Führung, Kraft und Energie bitten können. Auch bei der Suche nach unserer Wahrheit und unserem Lebensziel kann uns Uriel die Kraft und Energie geben, den Weg dorthin zu finden.

Uriel lässt uns unsere wahren Stärken erkennen, er lehrt uns die Prinzipien göttlicher Ordnung. Er hilft uns dabei, aus der Gebundenheit der Materie in eine höhere spirituelle Ebene zu gelangen.

Durch die Energie Uriels können wir in der Meditation unser Meisterselbst in uns erkennen und werden fähig, der „Meister unseres Lebens“ zu werden. Das heißt, dass wir in der Lage sein werden, in unserem Leben mit eigener Kraft und eigener Energie „Wunder“ zu vollbringen, wenn wir behindernde Strukturen auflösen und durch neue ersetzen.

Er hilft uns auch, „Nein“ sagen zu lernen, Grenzen zu setzen, wenn andere Menschen sie überschreiten.

Uriel kann uns von Abhängigkeiten sowie von zu starken Egostrukturen befreien und gibt uns die Kraft, uns davon zu lösen, wenn wir ihn darum bitten.

Erst wenn wir im Bewusstsein und Selbst-Vertrauen angekommen sind, dass wir immer alles haben werden, was wir zum Leben im Rahmen unserer Seelenbestimmung benötigen, sind wir frei. Wir werden dann materiell wie spirituell immer die Ressourcen zur Verfügung haben, die gerade gebraucht werden.

Uriel stärkt den physischen Körper und hilft uns, aufrecht und stark durch unser Leben zu gehen.

Er arbeitet mit dem rubinroten Strahl.

Wo oder wie kann Erzengel Uriel mir helfen? (1)

1 Bringt Einklang zwischen göttlichem Plan und materieller Struktur
2 Fördert meine Harmonie im Innen und Außen
3 Fördert meine Kreativität
4 Fördert meine Tat- und Entschlusskraft
5 Führt mich auf eine höhere spirituelle Ebene
6 Führt von der Theorie in die Praxis
7 Gibt Beständigkeit in meine Beziehungen
8 Gibt mir Kraft und Mut, erfolgreich zu sein
9 Gibt mir inneren Frieden
10 Gibt mir Kraft und Mut, die nötigen Veränderungen durchzuführen
11 Gibt mir Kraft und Vertrauen
12 Glättet bei aufbrausenden Gefühlen die Wogen
13 Hilft mir bei der Erschaffung und Umsetzung meiner Ziele
14 Hilft mir bei innerer Aufruhr und Angst
15 Hilft mir, bescheiden zu bleiben, trotz meiner Stärke
16 Hilft mir, meine Visionen zu erkennen und in die Tat umzusetzen
17 Hilft mir mit seiner kraftvollen Energie
18 Hilft mir, negative Zukunftsvisionen loszulassen
19 Hilft mir, Dinge in meinem Leben anzupacken
20 Fehlertafel
21 Andere

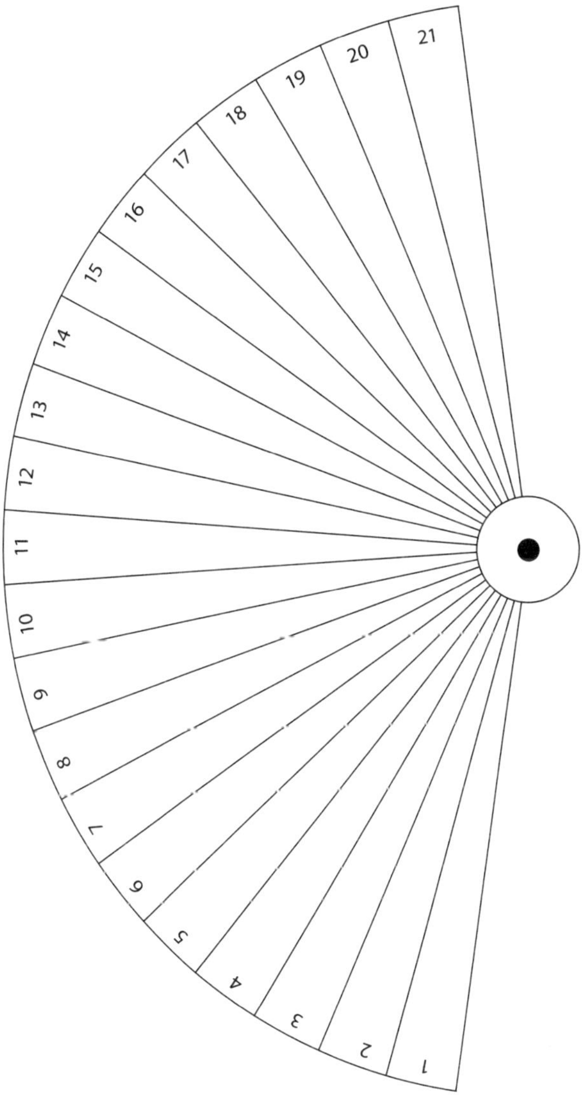
1
2
3
4
5
6
7
8
9
10
11
12
13
14
15
16
17
18
19
20
21

Wo oder wie kann Erzengel Uriel mir helfen? (2)

1 Hilft mir, großzügiger mit mir und anderen umzugehen
2 Hilft mir, Konflikte zu schlichten
3 Hilft mir, mein Ego zurückzustellen
4 Hilft mir, mein Leben zu meistern
5 Hilft mir, meine Kraft auf mein Ziel zu richten
6 Hilft mir, meine wahren Stärken zu erkennen und anzunehmen
7 Hilft mir, Planung in die Tat umzusetzen
8 Hilft mir, Struktur und Ordnung in mein Leben zu bringen
9 Stärkt mein drittes Auge (Hellsichtigkeit)
10 Stärkt meine Schöpferkraft
11 Stärkt und stabilisiert mich, wenn ich aus dem Tritt geraten bin
12 Unterstützt meine Freude am Dasein
13 Unterstützt mich beim Empfangen
14 Unterstützt mich beim Geben
15 Unterstützt mich in meiner Kreativität und Entfaltung
16 Unterstützt mich mit ruhiger und zentrierender Kraft
17 Verbindet in mir die Kraft der Erde mit der Liebe der Schöpfung
18 Zeigt mir meine nicht genutzten Ressourcen
19 Zeigt mir, wo ich Dinge in meinem Leben positiv verändern kann
20 Fehlertafel
21 Andere

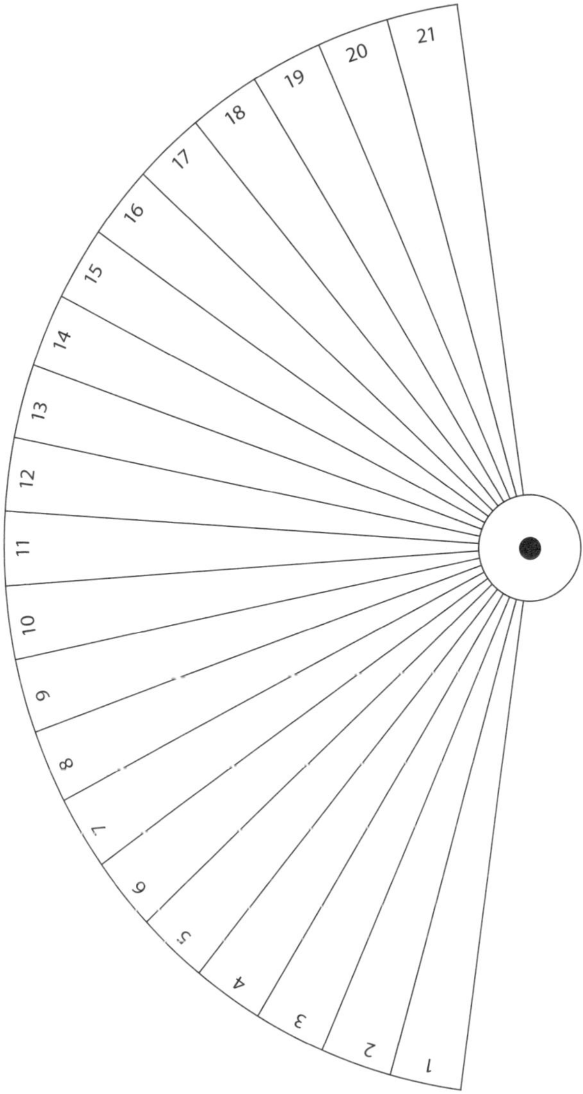
1
2
3
4
5
6
7
8
9
10
11
12
13
14
15
16
17
18
19
20
21

Mein persönlicher Schutzengel

Über Schutzengel ist von alters her viel geschrieben worden. Wir haben Folgendes herausgefunden:

Jeder Mensch besitzt einen Schutzengel, der bei Bedarf andere Engel zurate ziehen und selbst um Hilfe bitten kann, um die Verwirklichung des individuellen Seelenplanes in diesem Leben beschützend zu gewährleisten.

Ein Schutzengel kann einen Menschen unter Umständen über mehrere Inkarnationen hinweg begleiten. Wenn seine Aufgabe erfüllt ist, kommt ein anderer Schutzengel, der dann eine neue Funktion ausübt, da der Mensch sich immer weiterentwickelt.

Wie oft haben wir schon erlebt, dass wir nicht auf unsere innere Stimme gehört und eine Bruchlandung erlitten haben. Der Schutzengel nutzt oft den Weg der Intuition, um mit uns zu kommunizieren und uns vor einem Ereignis zu warnen.

Er schützt den Menschen jederzeit. Nur die falsche Erwartungshaltung in Bezug auf die Auswirkungen des Handelns des Schutzengels lässt uns glauben, dass er nicht geholfen habe.

Bedenken Sie bitte, dass Ihr persönliches Karma nicht einfach von Ihrem Schutzengel aufgehoben werden kann, da Sie sonst wertvolle Lernaufgaben, die für Ihre Entwicklung von Bedeutung sind, versäumen würden!

Übersichtstafel: Welche Bitte an meinen Schutzengel bringt mich im Moment weiter?

1 Tafel 1

2 Tafel 2

3 Tafel 3

4 Tafel 4

5 Fehlertafel

6 Andere

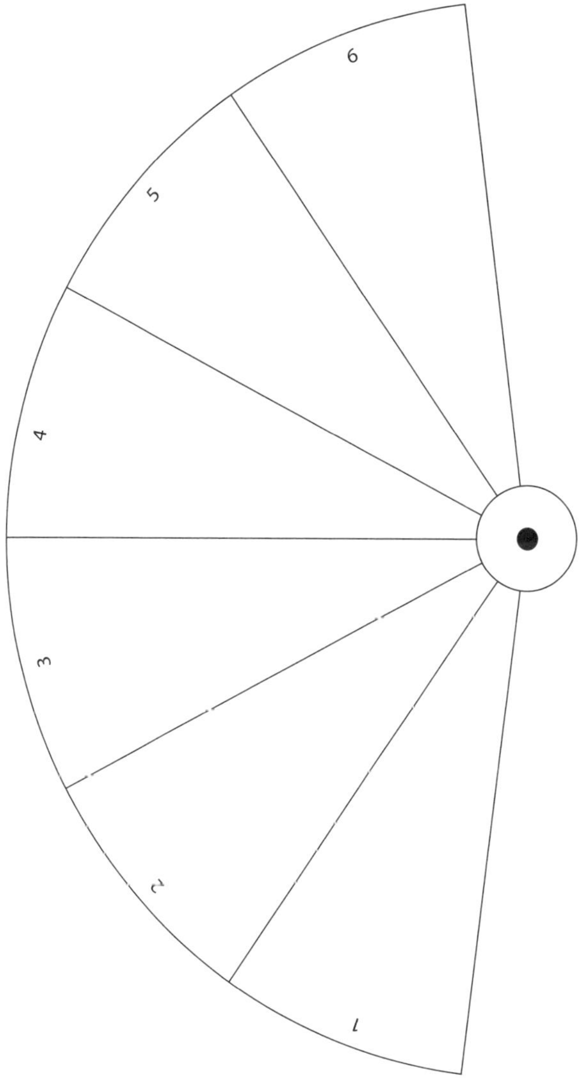
1
2
3
4
5
6

Welche Bitte an meinen Schutzengel bringt mich im Moment weiter? (1)

1 Bitte beschütze mein Kind/meine Kinder
2 Bitte beschütze mein Zuhause
3 Bitte beschützte mein/e (Haus)Tier/e
4 Bitte beschütze mich vor körperlichen Angriffen
5 Bitte gib mir Beistand
6 Bitte gib mir Hoffnung
7 Bitte gib mir Kraft und Stärke
8 Bitte gib mir Mut
9 Bitte gib mir Mut im beruflichen Bereich
10 Bitte gib mir Mut im privaten Bereich
11 Bitte gib mir Mut zum „Nein"-Sagen
12 Bitte gib mir Mut zum Leben
13 Bitte gib mir Mut, aufrichtig zu sein
14 Bitte gib mir Mut, die Wahrheit zu sagen
15 Bitte gib mir Mut, eine belastende Beziehung zu beenden
16 Bitte gib mir Mut, eine schon bekannte anstehende Veränderung zu vollziehen
17 Bitte gib mir Schutz, allgemein
18 Bitte gib mir Schutz, wenn ich mit dem Auto unterwegs bin
19 Bitte schütze mich vor Missbrauch
20 Bitte unterstütze die Trennung von energetischen Bändern zwischen mir und (Person nennen)
21 Bitte unterstütze mich beim Erkennen und Ablegen von alten Verhaltensweisen
22 Bitte unterstütze mich mit Inspiration
23 Bitte zeige mir den Weg der Heilung
24 Fehlertafel
25 Andere

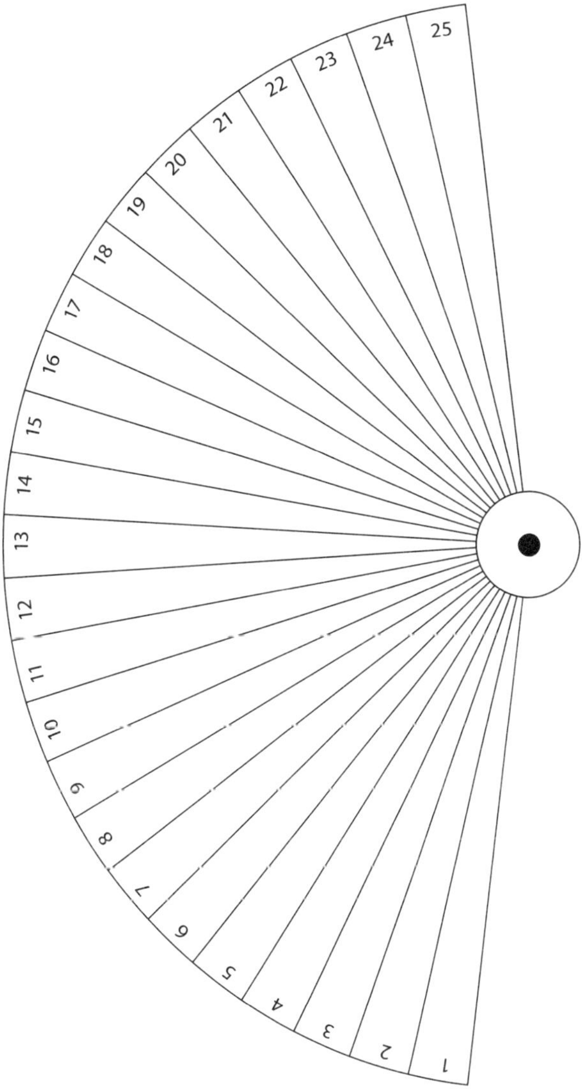
1
2
3
4
5
6
7
8
9
10
11
12
13
14
15
16
17
18
19
20
21
22
23
24
25

Welche Bitte an meinen Schutzengel bringt mich im Moment weiter? (2)

1 Hilf mir bitte bei der Heilung einer bestimmten Situation (Situation nennen)
2 Hilf mir bitte bei der Heilung meiner Gedanken
3 Hilf mir bitte bei der Heilung meiner Partnerschaft/Beziehungen
4 Hilf mir bitte bei der Heilung meiner Seele
5 Hilf mir bitte, andere nicht zu verurteilen
6 Hilf mir bitte, auf meinen Seelenpfad zurückzukommen
7 Hilf mir bitte, aufrichtig zu sein
8 Hilf mir bitte, das optimale Heilmittel/den Therapeuten zu finden
9 Hilf mir bitte, dass ich mich mehr der Spiritualität öffnen kann
10 Hilf mir bitte, den Lebenssinn zu verstehen
11 Hilf mir bitte, den richtigen Arbeitsplatz zu finden
12 Hilf mir bitte, den richtigen Beruf zu finden
13 Hilf mir bitte, die Angst zu überwinden
14 Hilf mir bitte, ein rechtes Maß an Geben und Nehmen zu finden
15 Hilf mir bitte, Frieden zu finden
16 Hilf mir bitte, Körper, Geist und Seele zu reinigen
17 Hilf mir bitte, meine Depressionen aufzulösen
18 Hilf mir bitte, taktvoll sein zu können
19 Hilf mir bitte, tolerant sein zu können
20 Hilf mir bitte, Trost nach einer zerbrochenen Beziehung zu finden
21 Hilf mir bitte, vergeben zu können
22 Hilf mir bitte, Wunden aus früheren Leben zu heilen
23 Fehlertafel
24 Andere

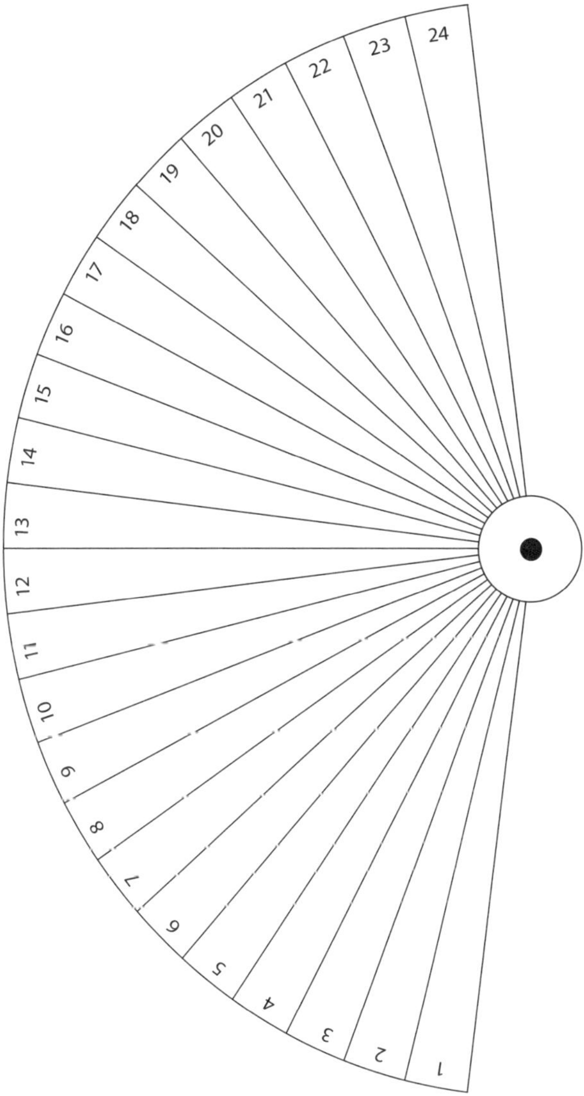
1
2
3
4
5
6
7
8
9
10
11
12
13
14
15
16
17
18
19
20
21
22
23
24

Welche Bitte an meinen Schutzengel bringt mich im Moment weiter? (3)

1 Ich bitte dich um die Reinigung meines Körpers
2 Ich bitte dich um Führung und Unterstützung bei einer beruflichen Aufgabe
3 Ich bitte dich um Führung und Unterstützung bei einer Familiengründung
4 Ich bitte dich um Führung und Unterstützung, allgemein
5 Ich bitte dich um Führung und Unterstützung, hilfreiche Angebote zu finden
6 Ich bitte dich um Hilfe bei der Heilung meiner Krankheit
7 Ich bitte dich um Kraft und Stärke für meine anstehende Unternehmung
8 Ich bitte dich um Kraft und Stärke zur Aufgabe einer Sucht
9 Ich bitte dich um Kraft und Stärke, das Leben zu meistern
10 Ich bitte dich um Kraft und Stärke, eine bestimmte Situation zu meistern
11 Ich bitte dich um Kraft und Stärke, um eine belastende Beziehung zu beenden
12 Ich bitte dich um Reinigung meiner Wohnräume
13 Ich bitte dich um Schutz auf allen meinen Reisen
14 Fehlertafel
15 Andere

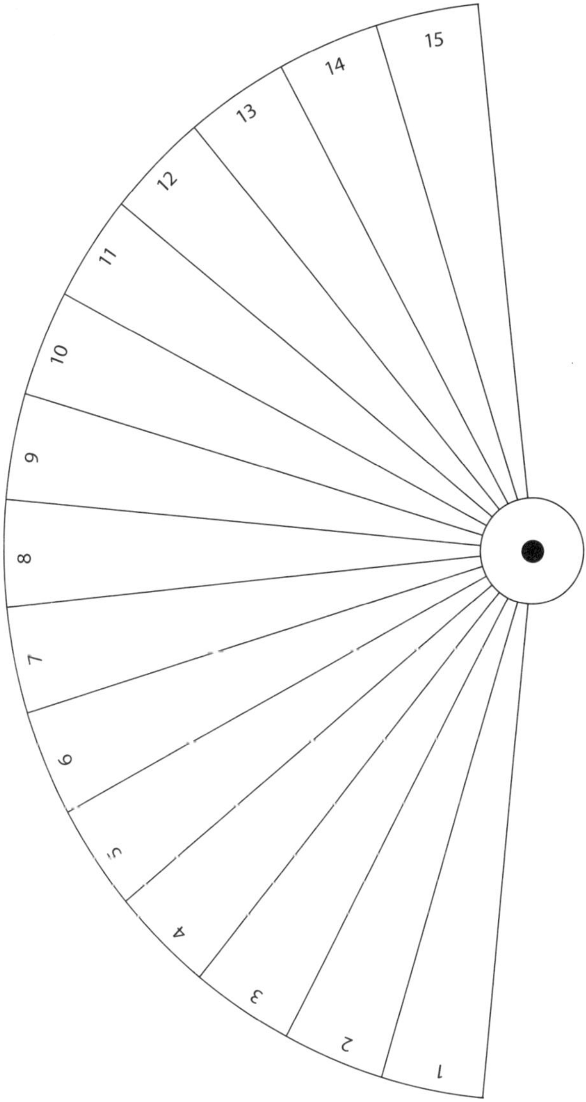
1
2
3
4
5
6
7
8
9
10
11
12
13
14
15

Welche Bitte an meinen Schutzengel bringt mich im Moment weiter? (4)

1 Unterstütze mich bitte bei der Familienplanung
2 Unterstütze mich bitte bei der Umwandlung von negativem Karma
3 Unterstütze mich bitte darin, meine Lebensaufgabe zu erkennen
4 Unterstütze mich bitte in meiner Wahrheitsfindung
5 Unterstütze mich bitte mit positiver Energie
6 Unterstütze mich bitte, andere mehr lieben zu können
7 Unterstütze mich bitte, die richtige Partnerschaft/Beziehung zu finden
8 Unterstütze mich bitte, in Kontakt mit meinem Höheren Selbst zu kommen
9 Unterstütze mich bitte, Kraft und Stärke zu entwickeln, dass ich zu mir selbst stehen kann
10 Unterstütze mich bitte, mehr in Kontakt mit den feinstofflichen Welten zu kommen
11 Unterstütze mich bitte, meine negativen Gefühle loszulassen
12 Unterstütze mich bitte, mich selbst mehr zu lieben
13 Unterstütze mich bitte, schwierige Situationen zu durchschauen
14 Fehlertafel
15 Andere

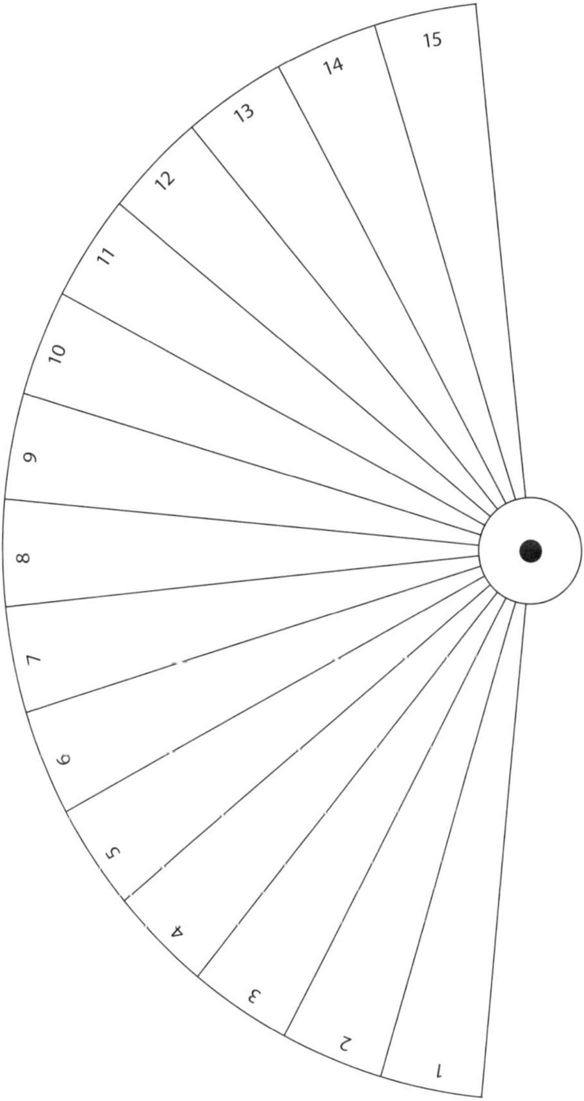
1
2
3
4
5
6
7
8
9
10
11
12
13
14
15

Engel für jede Situation

Diese Tafeln dienen dem Überblick für alle möglichen Hilfestellungen der Engel in Ihrem Leben. Sie müssen gar nicht viel über die einzelnen Engel wissen, z. B. wie sie vielleicht mit Namen heißen oder wie sie aussehen mögen. Der Name des Engels führt Sie in die Thematik hinein, die im Moment am wichtigsten ist.

Beispiel:

Sie treten an die Engel heran mit der Frage:
„Welcher Engel kann mir in meiner Beziehung jetzt weiterhelfen?"
Sie testen zum Beispiel den „Engel der Vergebung" aus. Nun können Sie den „Engel der Vergebung" bitten, mit Ihnen zu arbeiten, sodass Sie und Ihr Partner oder Ihre Partnerin wieder frei von Groll und Hader zusammenfinden oder sich in Frieden trennen können.
Bedenken Sie bitte, dass die Engel Ihnen die Unterstützung zuteilwerden lassen, die Beziehungsarbeit müssen Sie aber immer noch selbst leisten!
Diese Tafeln eignen sich auch dafür, bei geplanten Vorhaben um Beistand und Unterstützung in einer bestimmten Qualität zu bitten. Diese Qualität eines Engels eröffnet Ihnen unter Umständen eine noch nicht bekannte Sichtweise.

Beispiel:

Sie möchten sich selbstständig machen und wälzen Tag und Nacht die Probleme im Kopf hin und her, die sich daraus ergeben.
Nun pendeln Sie den „Engel der Verspieltheit" aus und

werden so daran erinnert, dass auch eine Existenzgründung spielerisch stattfinden kann.

Eine Auswahl an Fragemöglichkeiten:

- Welcher Engel kann mir bei den Schwierigkeiten mit meinem Kind helfen?
- Welcher Engel hilft mir, sicher an meinem Zielort an zukommen?
- Welcher Engel kann mich bei dem Gespräch mit meinem Vorgesetzten unterstützen?
- Welcher Engel kann mir die nötigen Hinweise zur Heilung meiner Krankheit geben?
- Welcher Engel unterstützt mich am sinnvollsten in meiner jetzigen Situation?
- Welcher Engel hilft mir bei meinem Selbstwertproblem?

Bitte denken Sie daran, sich später bei Ihrem Helferengel auch zu bedanken! Wir empfinden die Arbeit mit Engeln als so bereichernd, dass wir oft das Verlangen haben, den Engeln ein Geschenk zu machen. Dies dient unserer eigenen Weiterentwicklung in Sachen Demut, Dankbarkeit und Herzensbildung. Die Engel wiederum dienen, ohne Geschenke zu erwarten.

Übersichtstafel: Welcher Engel kann mir in Bezug auf … weiterhelfen?

1 Tafel 1

2 Tafel 2

3 Tafel 3

4 Tafel 4

5 Tafel 5

6 Tafel 6

7 Fehlertafel

8 Andere

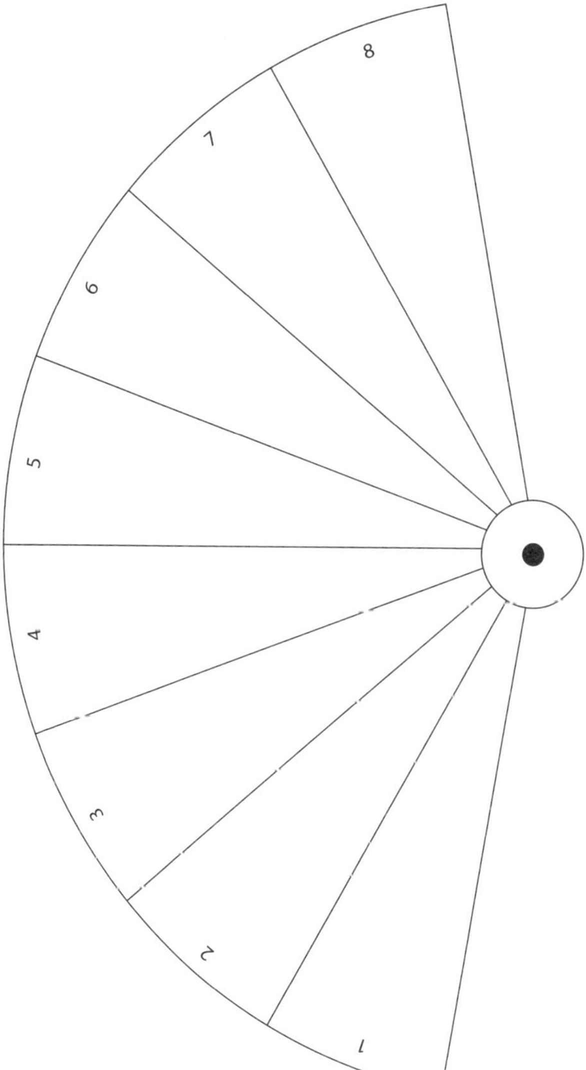
1
2
3
4
5
6
7
8

Welcher Engel kann mir in Bezug auf … weiterhelfen? (1)

1 Engel der Achtsamkeit
2 Engel der Akzeptanz
3 Engel der Anmut
4 Engel der Aufrichtigkeit
5 Engel der Ausdauer
6 Engel der Ausgeglichenheit
7 Engel der Ausrichtung
8 Engel der Barmherzigkeit
9 Engel der Befreiung
10 Engel der Beziehungen
11 Engel der Chancen
12 Engel der Dankbarkeit
13 Engel der Demut
14 Engel der Disziplin
15 Engel der Eingebung
16 Engel der Empfänglichkeit
17 Engel der Empfindsamkeit
18 Engel der Entfaltung
19 Engel der Entscheidung
20 Engel der Erdung
21 Engel der Erfüllung
22 Engel der Ergebung
23 Engel der Erkenntnis
24 Engel der Erlösung
25 Fehlertafel
26 Andere

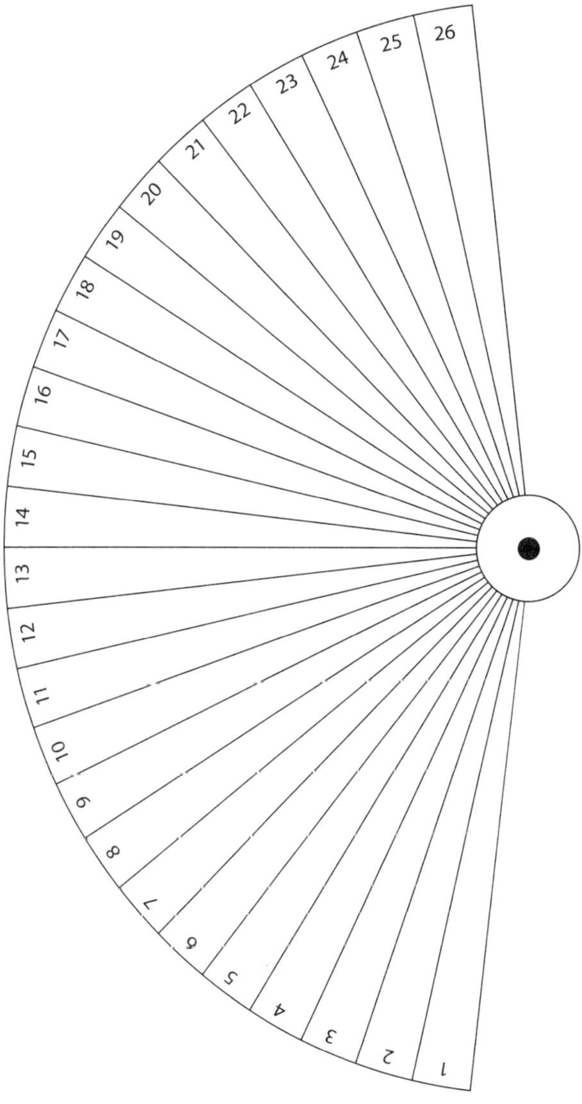
1
2
3
4
5
6
7
8
9
10
11
12
13
14
15
16
17
18
19
20
21
22
23
24
25
26

Welcher Engel kann mir in Bezug auf……
weiterhelfen? (2)

1 Engel der Fantasie
2 Engel der Flexibilität
3 Engel der Freiheit
4 Engel der Freude
5 Engel der Freundschaft
6 Engel der Fruchtbarkeit
7 Engel der Fülle
8 Engel der Fürbitten
9 Engel der Fürsorge
10 Engel der Geborgenheit
11 Engel der Geburt
12 Engel der Geduld
13 Engel der Gelassenheit
14 Engel der Glückseligkeit
15 Engel der Gnade
16 Engel der Gottesgegenwart
17 Engel der Großzügigkeit
18 Engel der Güte
19 Engel der Harmonie
20 Engel der Heilung
21 Engel der Herzensliebe
22 Engel der Herzenswünsche
23 Engel der Hingabe
24 Engel der Hoffnung
25 Fehlertafel
26 Andere

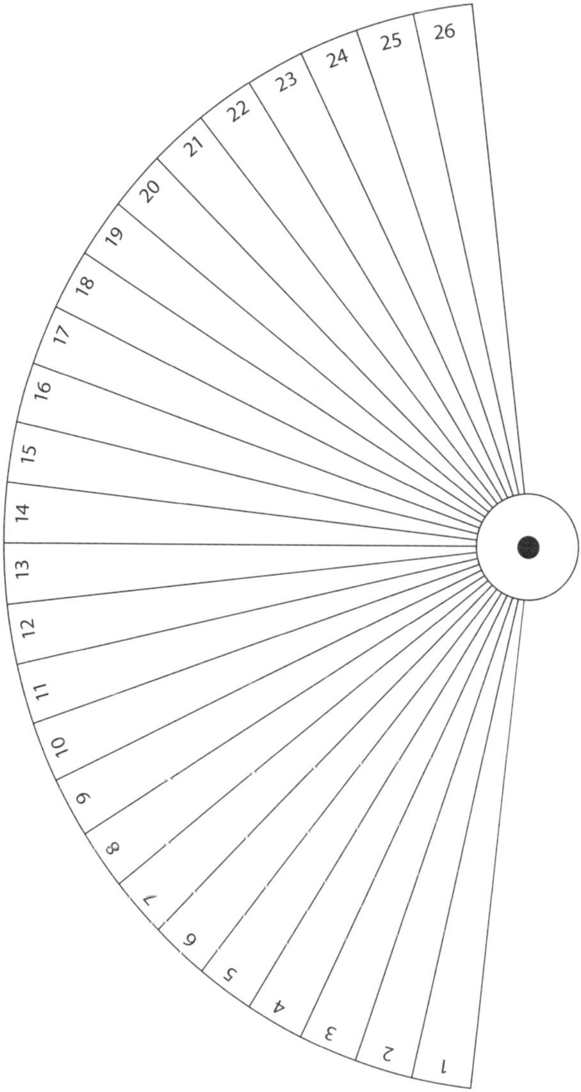
1
2
3
4
5
6
7
8
9
10
11
12
13
14
15
16
17
18
19
20
21
22
23
24
25
26

Welcher Engel kann mir in Bezug auf … weiterhelfen? (3)

1 Engel der inneren Weisheit
2 Engel der Inspiration
3 Engel der Intuition
4 Engel der Kinder
5 Engel der Klarheit
6 Engel der Kommunikation
7 Engel der Konzentration
8 Engel der Kooperation
9 Engel der Kraft
10 Engel der Kreativität
11 Engel der Läuterung
12 Engel der Lebendigkeit
13 Engel der Leichtigkeit
14 Engel der Leidenschaft
15 Engel der Liebe
16 Engel der Manifestation
17 Engel der Meditation
18 Engel der Neugier
19 Engel der Offenheit
20 Engel der Partnerschaft
21 Engel der Pflanzen
22 Engel der Reinheit
23 Engel der Reinigung
24 Engel der Romantik
25 Fehlertafel
26 Andere

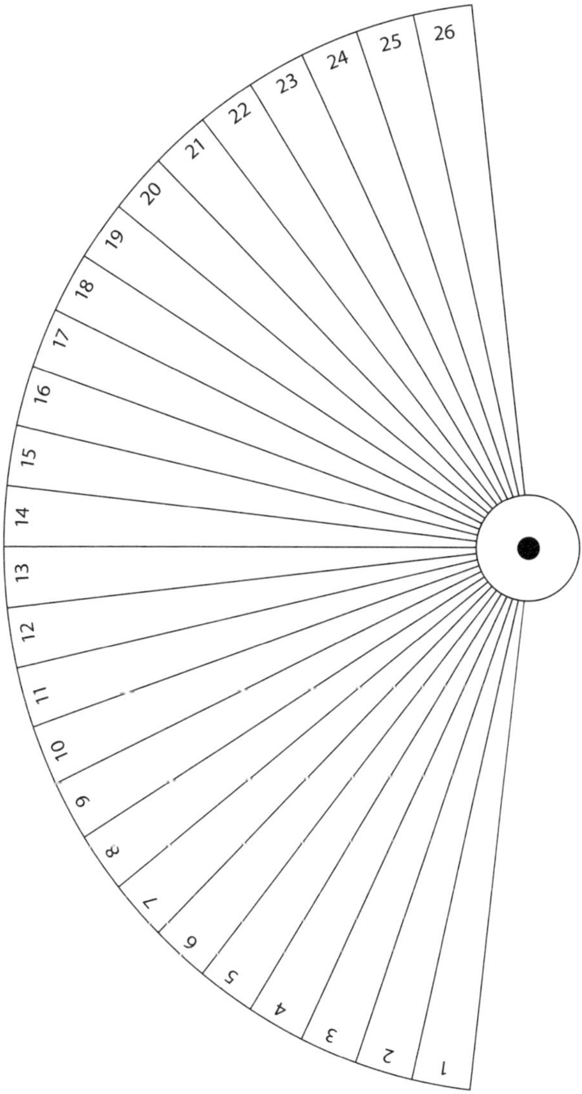
1
2
3
4
5
6
7
8
9
10
11
12
13
14
15
16
17
18
19
20
21
22
23
24
25
26

Welcher Engel kann mir in Bezug auf … weiterhelfen? (4)

1 Engel der Ruhe
2 Engel der Sanftmut
3 Engel der schönen Künste
4 Engel der Schönheit
5 Engel der Seelenpartnerschaft
6 Engel der Segnungen
7 Engel der Selbsterkenntnis
8 Engel der Selbstermächtigung
9 Engel der Sicherheit
10 Engel der Spontaneität
11 Engel der Stabilität
12 Engel der Stille
13 Engel der Synchronizität
14 Engel der Tiere
15 Engel der Transformation
16 Engel der Träume
17 Engel der Umsetzung
18 Engel der Umsicht
19 Engel der Unabhängigkeit
20 Engel der Unterstützung
21 Engel der Vergebung
22 Engel der Verletzlichkeit
23 Engel der Verspieltheit
24 Engel der Verständigung
25 Fehlertafel
26 Andere

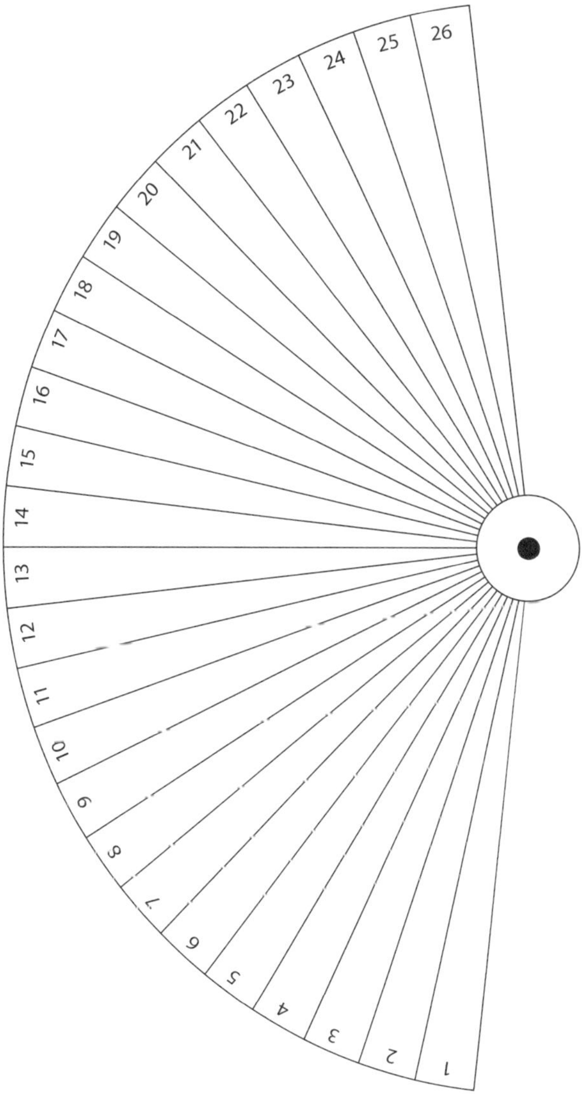
1
2
3
4
5
6
7
8
9
10
11
12
13
14
15
16
17
18
19
20
21
22
23
24
25
26

Welcher Engel kann mir in Bezug auf … weiterhelfen? (5)

1 Engel der Verwirklichung
2 Engel der Vision
3 Engel der Wahrheit
4 Engel der Wandlung
5 Engel der Weisheit
6 Engel der Wunder
7 Engel der Wünsche
8 Engel der Zärtlichkeit
9 Engel der Zufriedenheit
10 Engel der Zuversicht
11 Engel des Abenteuers
12 Engel des Annehmens
13 Engel des Ausdrucks
14 Engel des Engagements
15 Engel des Erfolges
16 Engel des Friedens
17 Engel des Gebens
18 Engel des Glaubens
19 Engel des Gleichgewichtes
20 Engel des Intellekts
21 Engel des Lachens
22 Engel des Lernens
23 Engel des Lichtes
24 Engel des Loslassens
25 Fehlertafel
26 Andere

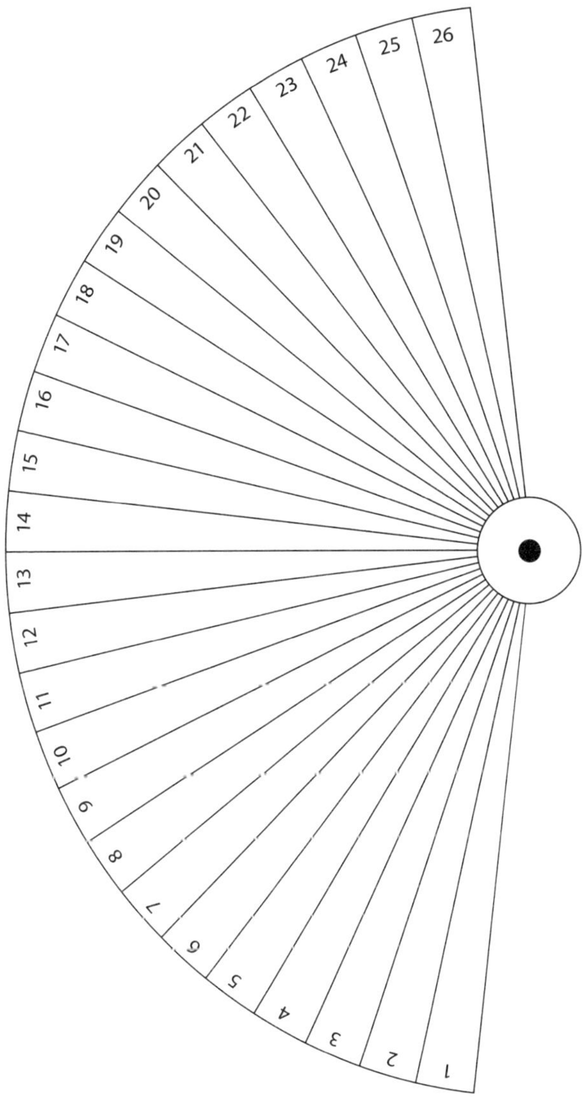
1
2
3
4
5
6
7
8
9
10
11
12
13
14
15
16
17
18
19
20
21
22
23
24
25
26

Welcher Engel kann mir in Bezug auf … weiterhelfen? (6)

1 Engel des Mitgefühls
2 Engel des Mutes
3 Engel des Neubeginns
4 Engel des Schutzes
5 Engel des Selbstwertgefühls
6 Engel des Spaßes
7 Engel des Trostes
8 Engel des Verstehens
9 Engel des Vertrauens
10 Engel des Verzeihens
11 Engel des Wachstums
12 Engel des Wohlstandes
13 Engel Element Erde
14 Engel Element Feuer
15 Engel Element Luft
16 Engel Element Wasser
17 Engel für den Blick nach innen
18 Engel für den Neuanfang
19 Engel für die Trennung energetischer Bindungen (Karma-Engel)
20 Engel für die Aurareinigung
21 Engel für die Erdung
22 Engel für Körperbewusstsein
23 Engel für Positives Denken
24 Engel für Urteilsvermögen
25 Fehlertafel
26 Andere

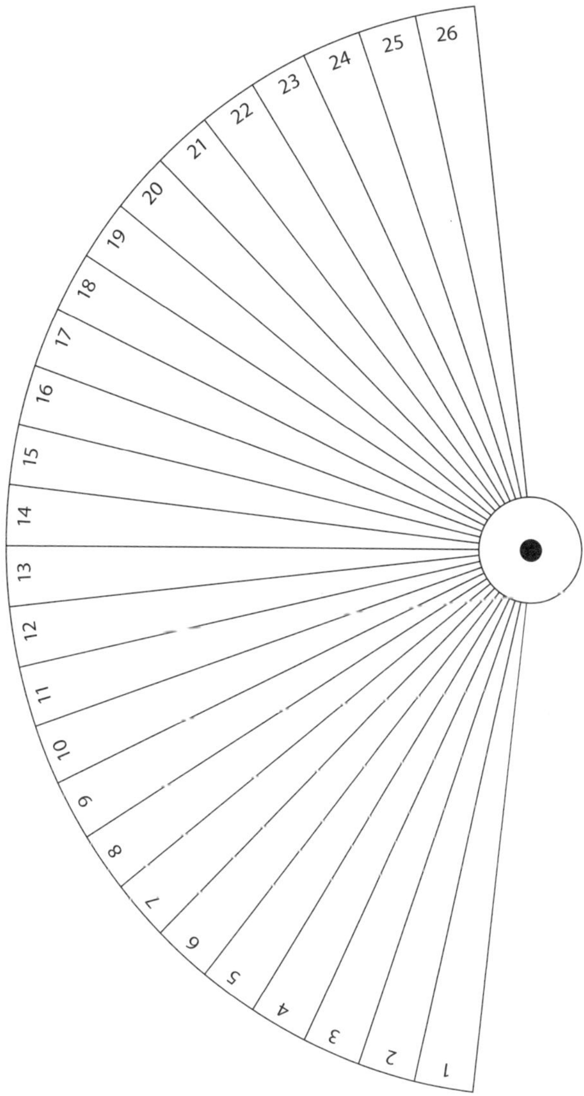
1
2
3
4
5
6
7
8
9
10
11
12
13
14
15
16
17
18
19
20
21
22
23
24
25
26

Was rät mir der Engel zu meinem Kind, was braucht mein Kind? (1)

1 (Mehr) Beschäftigung
2 (Mehr) Bewegung
3 (Mehr) Freunde
4 (Mehr) frische Luft
5 (Mehr) Liebe
6 (Mehr) Platz im Zimmer
7 (Mehr) Platz in der Wohnung
8 (Mehr) Ruhe
9 (Mehr) Spielsachen
10 (Mehr) Taschengeld
11 (Mehr) Verständnis
12 (Mehr) Zuwendung
13 Andere Ernährung
14 Andere Freunde
15 Andere Kleidung
16 Anderen Arzt
17 Anderen Kinderarzt
18 Anderen Schlafplatz
19 Fehlertafel
20 Andere

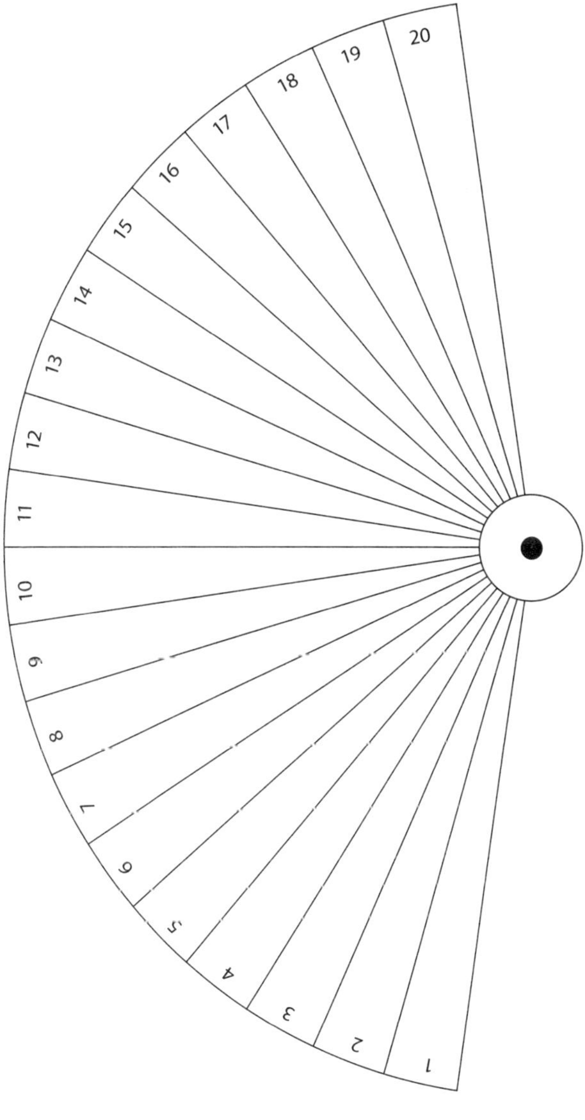
1
2
3
4
5
6
7
8
9
10
11
12
13
14
15
16
17
18
19
20

Was rät mir der Engel zu meinem Kind, was braucht mein Kind? (2)

1 Anderes Kinderzimmer
2 Besseres Essen
3 Betreuung bei den Hausaufgaben
4 Ein eigenes Zimmer
5 Ein Haustier
6 Einen Tapetenwechsel
7 Ermutigung
8 Frische Windeln
9 Hausentstörung
10 Kindergartenplatz
11 Lachen, toben, spielen
12 Liebevolle Gespräche
13 Mal auf Abstand gehen
14 Mehr Flüssigkeit (Wasser)
15 Mehr Kontakt zu den Verwandten
16 Mehr Kreativität
17 Musik
18 Nachhilfe(-unterricht)
19 Unterstützung (in einem Konflikt)
20 Fehlertafel
21 Andere

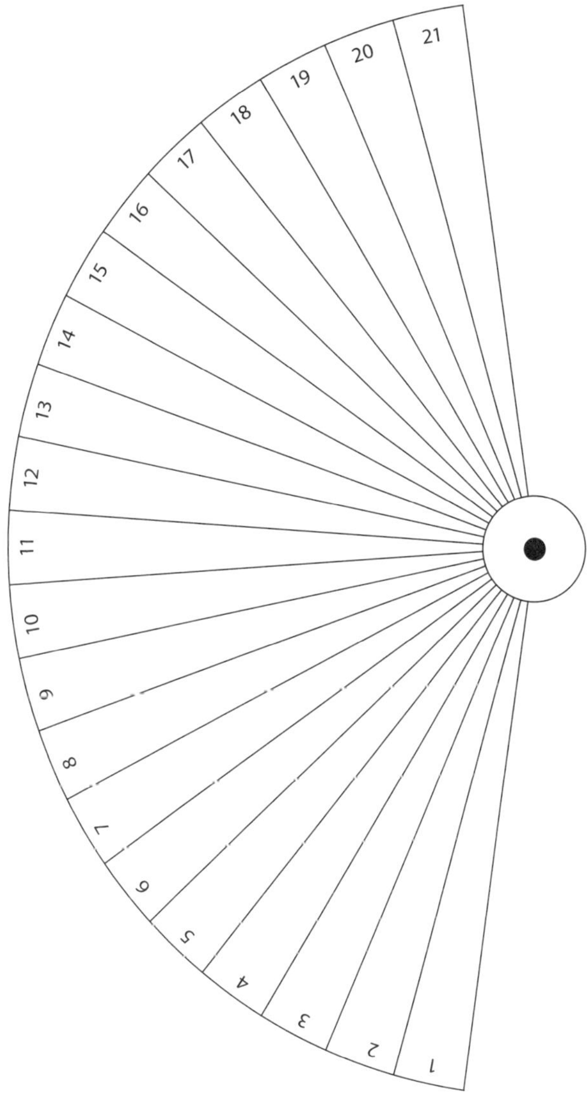
1
2
3
4
5
6
7
8
9
10
11
12
13
14
15
16
17
18
19
20
21

Für was sollte ich meinem Kind einen Engel an seine Seite wünschen? (1)

1 Ausdauer
2 Begeisterungsfähigkeit
3 Bewegungsfreude
4 Das Gute zu erwarten
5 Das Leben farbenfroh zu gestalten
6 Egoismus (positiver)
7 Entfaltung
8 Erfüllung
9 Erkenntnis
10 Freude
11 Geduld
12 Glück
13 Gradlinigkeit
14 Großzügigkeit
15 Gutmütigkeit
16 Hingabe
17 Hoffnung
18 Klarheit
19 Kreativität
20 Lachen
21 Fehlertafel
22 Andere

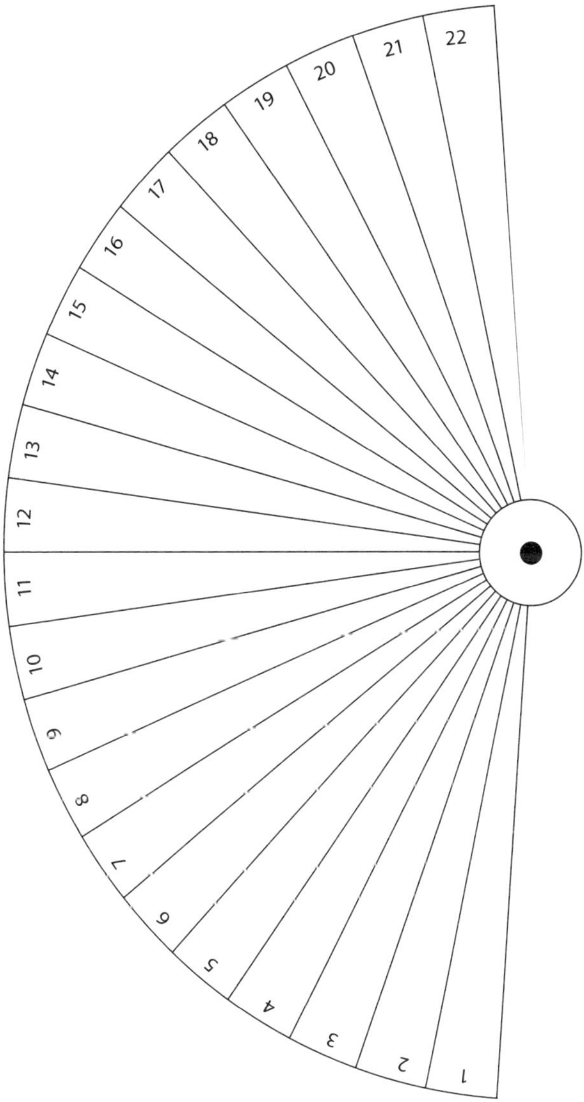
1
2
3
4
5
6
7
8
9
10
11
12
13
14
15
16
17
18
19
20
21
22

Für was sollte ich meinem Kind einen Engel an seine Seite wünschen? (2)

1 Liebe
2 Mitgefühl
3 Mut
4 Neue Möglichkeiten
5 Optimismus
6 Selbstausdruck
7 Selbstvertrauen
8 Spaß
9 Spontaneität
10 Stärke
11 Teilen
12 Tierliebe
13 Unbeschwertheit
14 Unermüdlichkeit
15 Ungetrübte Lebensfreude
16 Vertrauen
17 Wachstum
18 Wahrheit
19 Zielstrebigkeit
20 Zufriedenheit
21 Fehlertafel
22 Andere

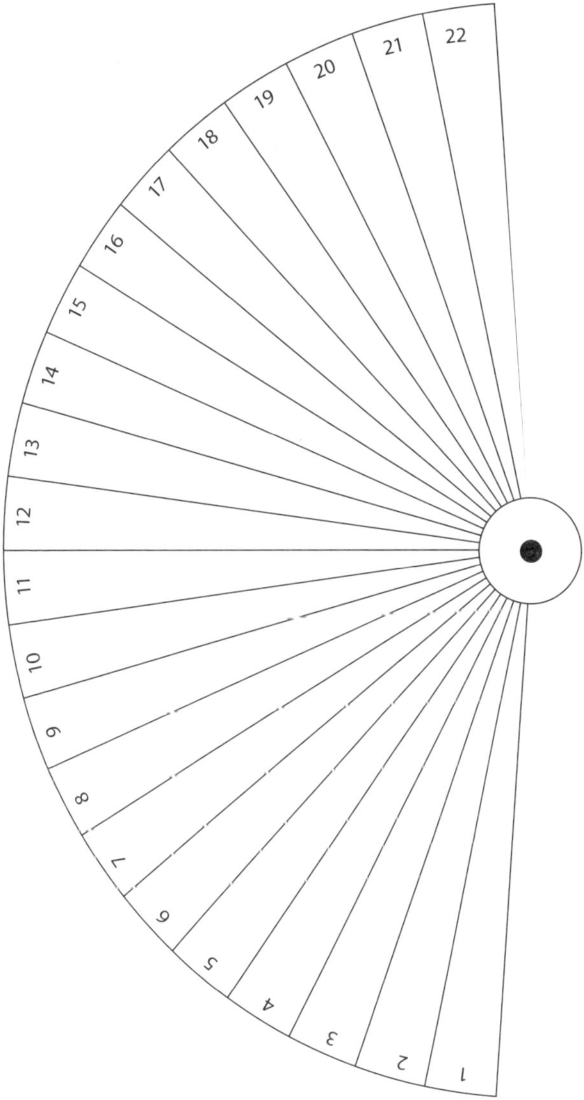
1
2
3
4
5
6
7
8
9
10
11
12
13
14
15
16
17
18
19
20
21
22

Die Gemeinschaft der Engel

Diese Tafeln wurden erstellt, um Ihnen die Möglichkeit zu geben, direkte Lebenshilfe zu bekommen, ohne einen bestimmten Engel zu bitten.

Beispiel:

- Sie haben z. B. die Frage gestellt: „Was bringt mich in meinem Leben jetzt weiter?"
- Nun testen sie bitte die Übersichtstafel aus, auf welcher Tafel die Antwort zu finden ist.
- Schlagen Sie die Tafel auf und testen Sie den Rat, den die Gemeinschaft der Engel geben möchte, aus.
- Fragen Sie danach: „Gibt es noch einen weiteren Rat in dieser Angelegenheit?"
- Verfahren Sie wie oben, bis es keinen weiteren Rat mehr gibt.
- Bedanken Sie sich.

Übersichtstafel: Die Gemeinschaft der Engel rät dir Folgendes:

Welche Übersichtstafel enthält eine Antwort/Antworten auf meine Frage?

1 Tafel 1
2 Tafel 2
3 Tafel 3
4 Tafel 4
5 Tafel 5
6 Tafel 6
7 Tafel 7
8 Tafel 8
9 Tafel 9
10 Tafel 10
11 Fehlertafel
12 Andere

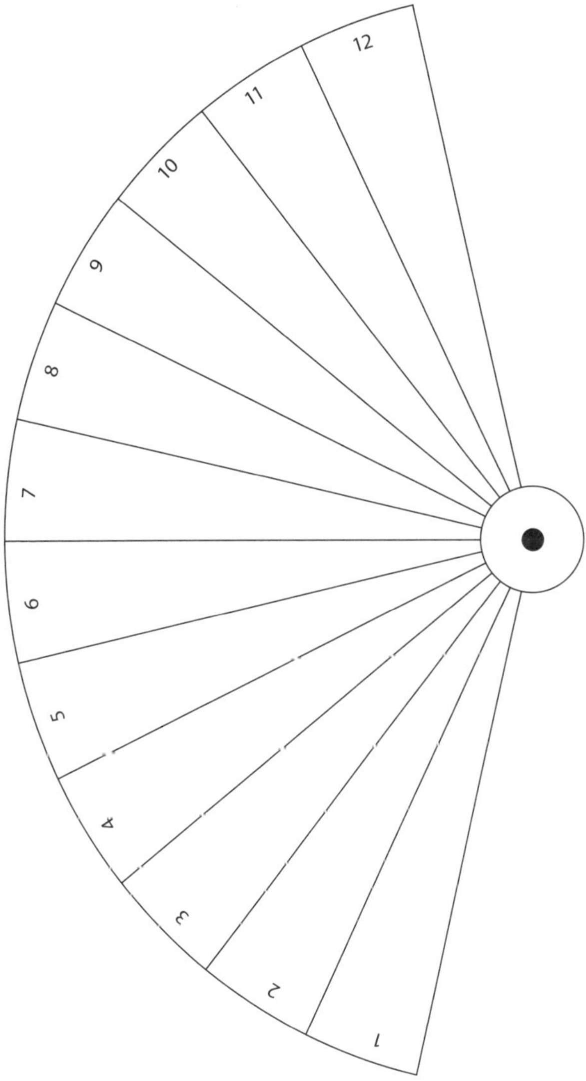
1
2
3
4
5
6
7
8
9
10
11
12

Die Gemeinschaft der Engel rät dir Folgendes: (1)

1 Achte auf Ausgewogenheit
2 Achte auf deine Gesundheit
3 Achte auf die Botschaften deiner Träume
4 Achte auf deine Ernährung
5 Achte mehr auf positive Wortwahl
6 Agiere und warte nicht, bis du reagieren musst
7 Akzeptiere deine Bedürfnisse
8 Akzeptiere die Dinge so, wie sie sind
9 Akzeptiere die Loslösung
10 Akzeptiere die Situation
11 Akzeptiere, dass der Heilungsprozess Zeit und Ausdauer erfordert
12 Arbeite konsequent an einer positiven Einstellung
13 Arbeite mit Kindern
14 Arbeite mit Menschen
15 Arbeite mit Tieren
16 Baue deine erfolgreiche Arbeit aus
17 Befreie dich
18 Befreie dich von Begrenzungen
19 Begreife, dass Menschen und Dinge sich ändern
20 Berate dich mit einer nahestehenden Person
21 Besinne dich
22 Bete öfter
23 Betrachte Angelegenheiten von mehreren Seiten
24 Betrachte den Konflikt als Ansporn
25 Fehlertafel
26 Andere

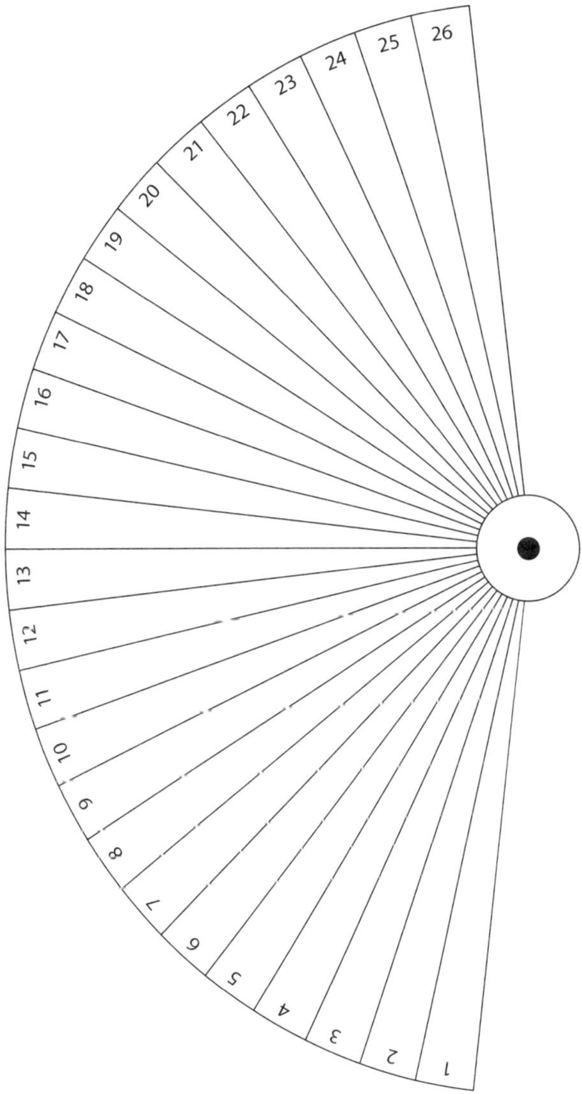
1
2
3
4
5
6
7
8
9
10
11
12
13
14
15
16
17
18
19
20
21
22
23
24
25
26

Die Gemeinschaft der Engel rät dir Folgendes: (2)

1 Betrachte die Situation von einem anderen Standpunkt aus
2 Bewahre Frieden
3 Biete dem Körper die nötige Erholung
4 Bleibe beharrlich
5 Bleibe bei deiner eigenen Vorstellung
6 Bleibe dir treu
7 Bleibe gelassen
8 Bleibe lebendig
9 Bleibe standhaft
10 Bringe deine Begabungen mehr zur Geltung
11 Bringe dich mehr ein
12 Bringe Gefühle unbefangen zum Ausdruck
13 Definiere deine Ziele klar
14 Denke über eine Aussöhnung nach
15 Du bist ein Lichtarbeiter
16 Du bist geschützt
17 Du bist zur richtigen Zeit am richtigen Ort
18 Engagiere dich
19 Entdecke Freude am Leben
20 Entdecke neue Ideen und bringe sie zum Ausdruck
21 Entdecke, was bedingungslose Liebe bedeutet
22 Entfalte deine Sinnesfreuden
23 Entspanne dich
24 Entwickele alternative Ideen
25 Fehlertafel
26 Andere

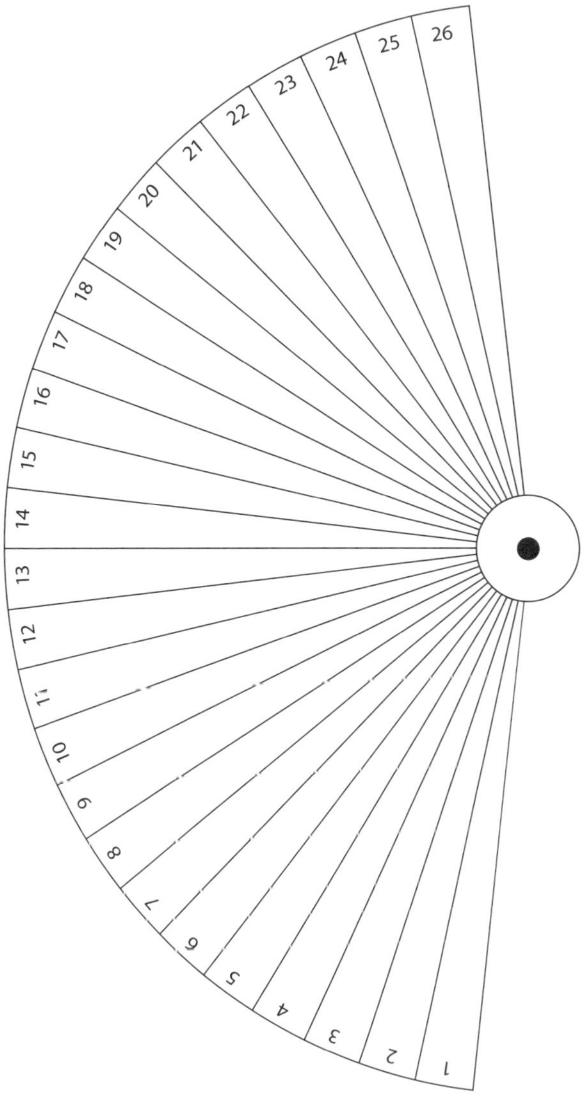
1
2
3
4
5
6
7
8
9
10
11
12
13
14
15
16
17
18
19
20
21
22
23
24
25
26

Die Gemeinschaft der Engel rät dir Folgendes: (3)

1 Entwickele Elan
2 Entwickele Geduld
3 Entwickele innere Kraft und Sicherheit
4 Entwickele Interesse am Hier und Jetzt
5 Entwickele neue Möglichkeiten
6 Entwickele Selbstliebe
7 Erfülle deine Alltagsaufgaben
8 Erkenne deine Grenzen
9 Erkenne den günstigen Augenblick und nutze ihn
10 Erkenne neue Möglichkeiten
11 Erkenne, dass etwas zu Ende ist
12 Ernte jetzt die Früchte deiner Arbeit
13 Erreiche Sicherheit und Selbstsicherheit
14 Erwäge einen Arbeitsplatzwechsel
15 Erwäge einen Umzug
16 Erwarte rasche Ergebnisse
17 Es geht darum, Liebe zu geben und zu empfangen
18 Es geht darum, Liebe zu leben
19 Es geht um den Beginn von etwas Neuem
20 Es geht um eine sichere Startposition
21 Es geht um Fürsorge
22 Es geht um Ganzheit
23 Es geht um Geben und Nehmen
24 Es geht um innere Zufriedenheit
25 Fehlertafel
26 Andere

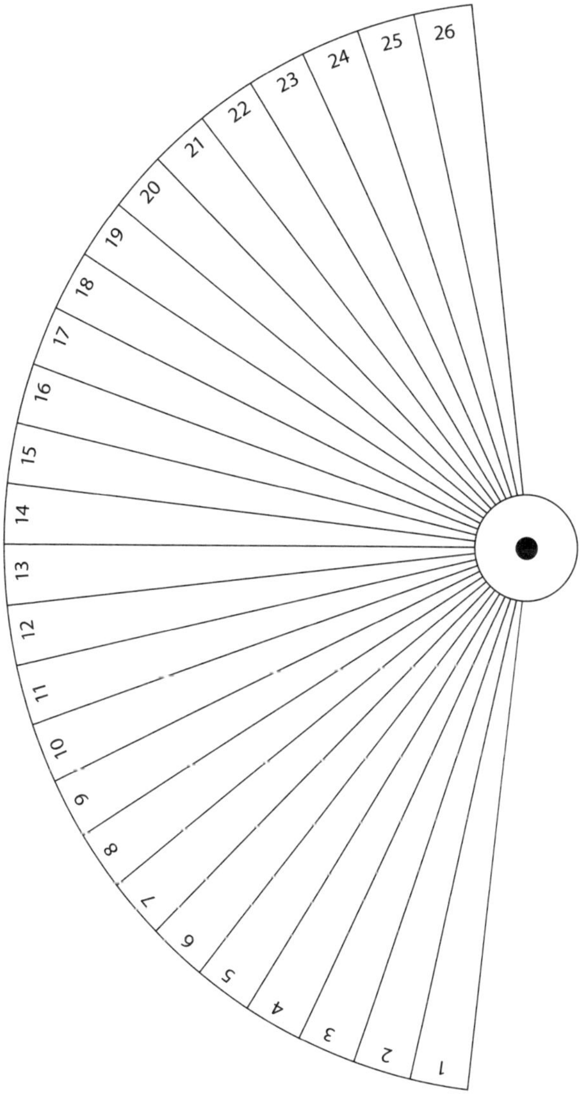
1
2
3
4
5
6
7
8
9
10
11
12
13
14
15
16
17
18
19
20
21
22
23
24
25
26

Die Gemeinschaft der Engel rät dir Folgendes: (4)

1 Es geht um Kompromisse
2 Es geht um Mitgefühl
3 Es geht um neue Ideen
4 Es geht um Selbsterkenntnis
5 Es geht um tatkräftige Verwirklichung
6 Es geht um Vertrauen ins Leben
7 Es gibt keinen Grund, jetzt Angst zu haben
8 Es ist noch nicht der richtige Zeitpunkt
9 Es ist nötig, deine Wertvorstellungen zu überdenken
10 Es ist Zeit, alte Gewohnheiten aufzugeben
11 Es kommen neue Aufgaben auf dich zu
12 Finde deine Lebensfreude wieder
13 Finde deine wahre Berufung
14 Finde deine Ziele heraus
15 Finde deinen Standpunkt
16 Finde inneren Frieden
17 Finde mit Begeisterung deinen eigenen Weg
18 Finde Reife und Gelassenheit
19 Finde zu deiner Mitte
20 Folge der Weisheit deines Herzens
21 Führe die Aufgabe zu Ende
22 Gehe deinem Verlangen nach Freiheit nach
23 Gehe deinen Verpflichtungen nach
24 Gehe den Weg der Liebe
25 Fehlertafel
26 Andere

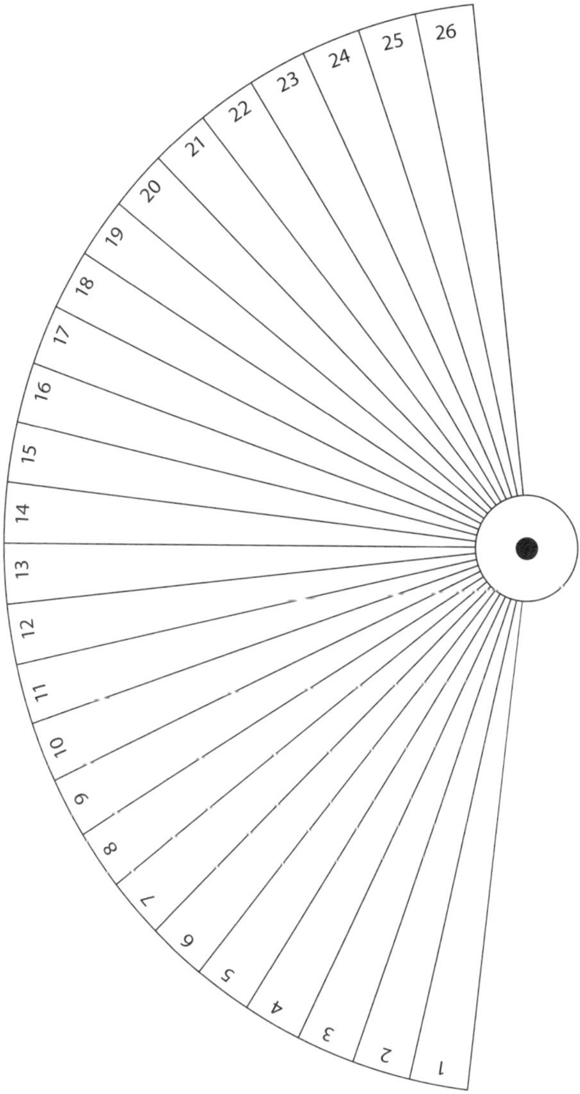
1
2
3
4
5
6
7
8
9
10
11
12
13
14
15
16
17
18
19
20
21
22
23
24
25
26

Die Gemeinschaft der Engel rät dir Folgendes: (5)

1 Gehe eigene Wege
2 Gehe liebevoller mit dir selbst um
3 Gehe mehr in die Natur
4 Gehe mit Schwung an die Sache heran
5 Gehe mit Wünschen richtig um, überprüfe deine Wünsche
6 Gehe neue Verbindungen ein
7 Gehe umsichtiger mit anderen um
8 Geht aufeinander zu
9 Genieße
10 Genieße bereichernde Begegnungen
11 Genieße das Leben in vollen Zügen
12 Genieße den schwer verdienten Erfolg
13 Genieße die angenehme Zeit
14 Genieße die Fülle des Lebens
15 Genieße die Sonnenseite des Lebens
16 Gib die Kontrolle deiner Gefühle auf
17 Gib die Verzagtheit auf
18 Gib nicht auf
19 Glaube an das Gelingen
20 Glaube an dich
21 Glaube daran
22 Habe Geduld
23 Halte durch
24 Handele
25 Fehlertafel
26 Andere

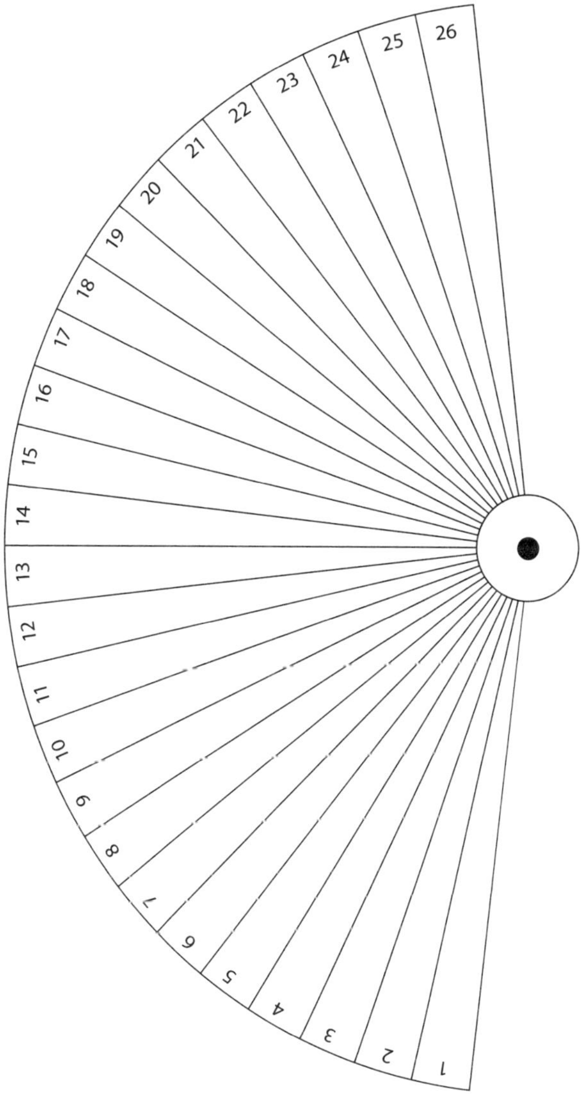
1
2
3
4
5
6
7
8
9
10
11
12
13
14
15
16
17
18
19
20
21
22
23
24
25
26

Die Gemeinschaft der Engel rät dir Folgendes: (6)

1 Handele entschlossen
2 Handele freigiebig
3 Handele klar und eindeutig
4 Handele nach deinem Gefühl
5 Heile
6 Heile deine Gefühle
7 Hilf
8 Informiere dich an kompetenter Stelle
9 Konsultiere eine Fachkraft
10 Kontrolliere deine Emotionen
11 Konzentriere dich auf das, was Freude und Interesse weckt
12 Kooperiere
13 Lasse dich begeistern
14 Lasse dich beraten
15 Lasse andere an deinem Reichtum teilhaben
16 Lasse deine Schuldgefühle los
17 Lasse die Dinge auf dich zukommen
18 Lasse die Sorgen hinter dir
19 Lasse die Trauer zu
20 Lasse Süchte los
21 Leite Maßnahmen für einen Transformationsprozess ein
22 Lerne aus der Erfahrung
23 Löse dich
24 Löse die festgefahrene Situation
25 Fehlertafel
26 Andere

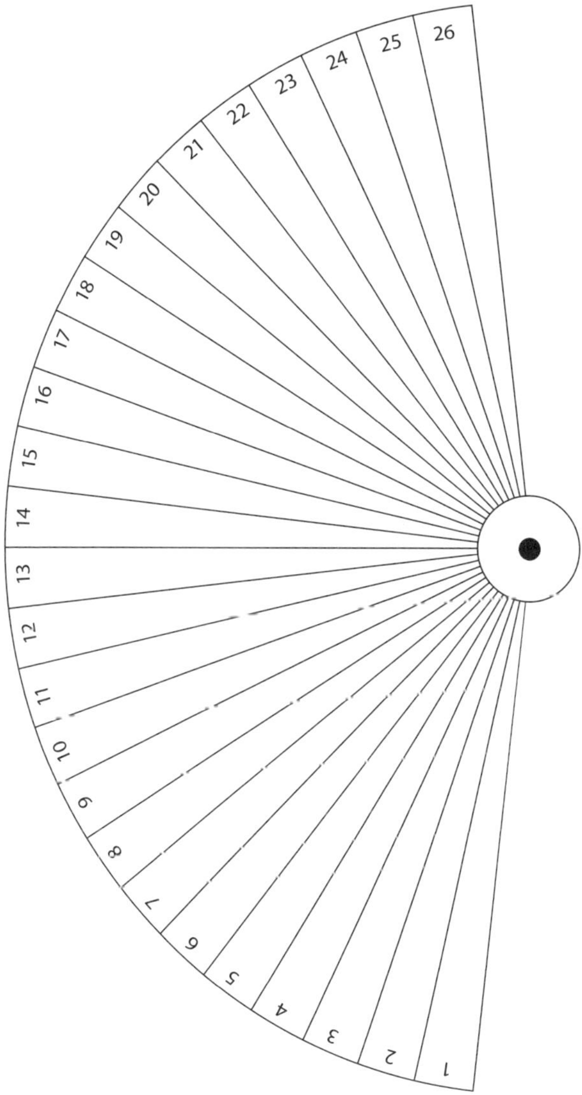
1
2
3
4
5
6
7
8
9
10
11
12
13
14
15
16
17
18
19
20
21
22
23
24
25
26

Die Gemeinschaft der Engel rät dir Folgendes: (7)

1 Mach weiter so
2 Mobilisiere deine inneren Reserven
3 Motiviere dich mehr
4 Motiviere Menschen
5 Nabele dich ab
6 Nimm Abschied
7 Nimm die Angelegenheit nicht so ernst
8 Nimm die Herausforderung an
9 Nimm die Leidenschaft an
10 Nimm die Lernaufgabe an
11 Nimm die Möglichkeit für einen Neuanfang wahr
12 Nimm die Sache an, wie sie ist
13 Nimm Hilfe an
14 Nutze deine Gabe, andere zu motivieren
15 Nutze die Chance für einen Neuanfang
16 Nutze die Chance zur Weiterentwicklung
17 Nutze die Gelegenheit sinnvoll
18 Nutze die kreative Phase
19 Nutze die Ressourcen effektiv
20 Nutze die Zeit zum Ausruhen
21 Nutze die Zeit zum Lernen
22 Öffne dich für neue Einsichten
23 Öffne dich unbekannten Dimensionen
24 Orientiere dich neu
25 Fehlertafel
26 Andere

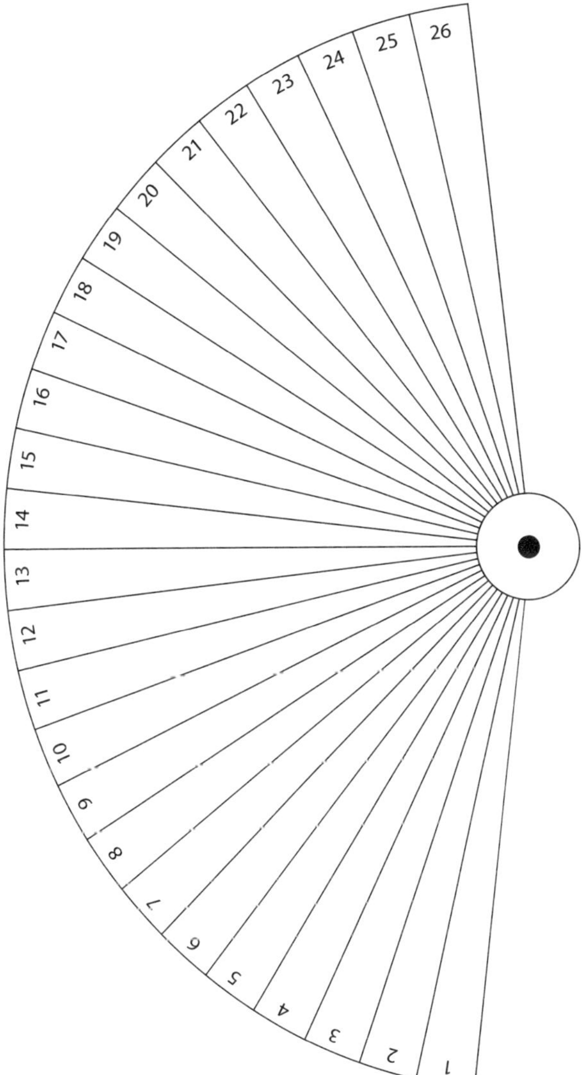
1
2
3
4
5
6
7
8
9
10
11
12
13
14
15
16
17
18
19
20
21
22
23
24
25
26

Die Gemeinschaft der Engel rät dir Folgendes: (8)

1 Passe dich den veränderten Umständen an
2 Passe dich der Situation bestmöglichst an
3 Qualifiziere dich
4 Sage deine Meinung
5 Sammele Erfahrungen
6 Sammele Kraft
7 Schaffe dauerhafte Verbindungen
8 Schaffe dir zu Hause eine harmonische Wohlfühlatmosphäre
9 Schaffe eine entspannte und friedliche Atmosphäre
10 Schätze und bewahre das Vertraute
11 Schaue auf die Impulse, die von aussen kommen
12 Schaue hoffnungsvoll in die Zukunft
13 Schone dich und komme wieder zu Kräften
14 Sei aktiv
15 Sei aufrichtig
16 Sei ausdauernd
17 Sei bereit für eine neue Liebe
18 Sei bereit für eine Romanze
19 Sei bereit, dich zu verlieben
20 Sei dankbar
21 Sei fair
22 Sei flexibel
23 Sei mutig
24 Sei optimistisch
25 Fehlertafel
26 Andere

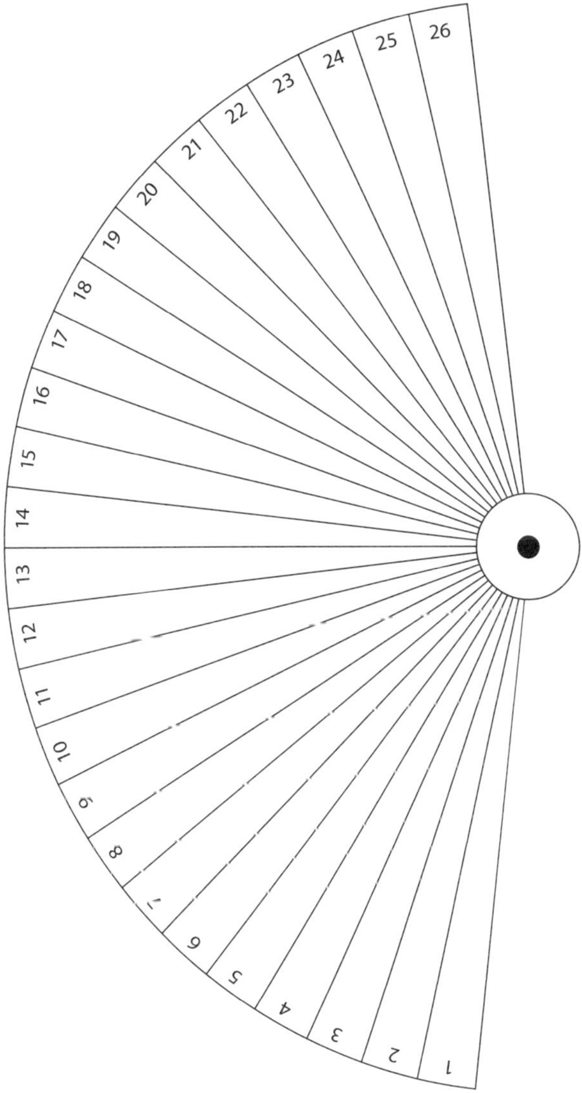
1
2
3
4
5
6
7
8
9
10
11
12
13
14
15
16
17
18
19
20
21
22
23
24
25
26

Die Gemeinschaft der Engel rät dir Folgendes: (9)

1 Sei vorsichtig
2 Sci wohlwollend
3 Sei zufrieden
4 Setze auf den langfristig positiven Verlauf der Dinge
5 Setze dein scharfes Wahrnehmungsvermögen ein
6 Setze deine Ideen um
7 Setze Prioritäten
8 Setze auf dauerhaften Erfolg
9 Sichere das Erreichte klug und solide ab
10 Sorge für dich selbst
11 Sorge für eine gute Stimmung
12 Sorge für Ruhe
13 Stehe Menschen hilfreich zur Seite
14 Stehe zu deinen Ängsten
15 Stelle dich auf Veränderungen ein
16 Strebe nach innerem und äußerem Reichtum
17 Suche nicht im Außen, schaue besser nach dir
18 Triff deine Entscheidung selbstständig
19 Treibe Sport
20 Tue etwas, das dir Freude macht
21 Überdenke deine Abwehrhaltung
22 Überdenke deine bisherige Sichtweise
23 Überdenke deine eigenen Verhaltensweisen
24 Übernimm die Verantwortung dafür
25 Fehlertafel
26 Andere

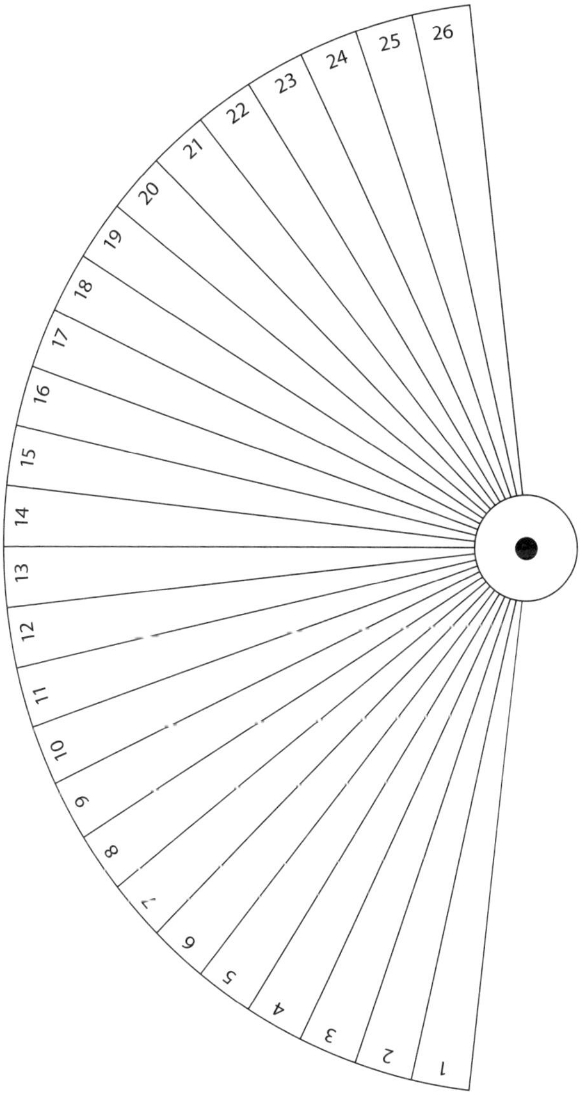
1
2
3
4
5
6
7
8
9
10
11
12
13
14
15
16
17
18
19
20
21
22
23
24
25
26

Die Gemeinschaft der Engel rät dir Folgendes: (10)

1 Verlasse dich auf deine eigenen Instinkte
2 Verleihe deinen Plänen Gestalt
3 Vermeide Abhängigkeiten
4 Vermeide Misstrauen
5 Vermeide negative Worte in deinem Ausdruck
6 Vertraue auf die Zukunft
7 Vertraue darauf, dass deine Wünsche in Erfüllung gehen
8 Vertraue deinen Fähigkeiten
9 Vertraue deiner Intuition
10 Vertraue dem Fluss des Lebens
11 Vertraue der Person, die dir jetzt durch den Kopf geht
12 Vertraue, dass die Angelegenheit von selbst zu Ende geht
13 Vertraue, dass die Zeit für dich arbeitet
14 Verzeihe
15 Verzögere das Vorhaben nicht
16 Visualisiere deinen Wunsch
17 Warte ab
18 Warte auf den Impuls aus deinem Inneren
19 Wende dich der Aufgabe zu
20 Wende jetzt dein Wissen an
21 Widme Gefühl und Verstand gleich viel Aufmerksamkeit
22 Zeige Geduld
23 Zeit für Ruhe und eine Pause
24 Zentriere dich, bleibe bei dir
25 Ziere dich nicht
26 Zögere nicht
27 Fehlertafel
28 Andere

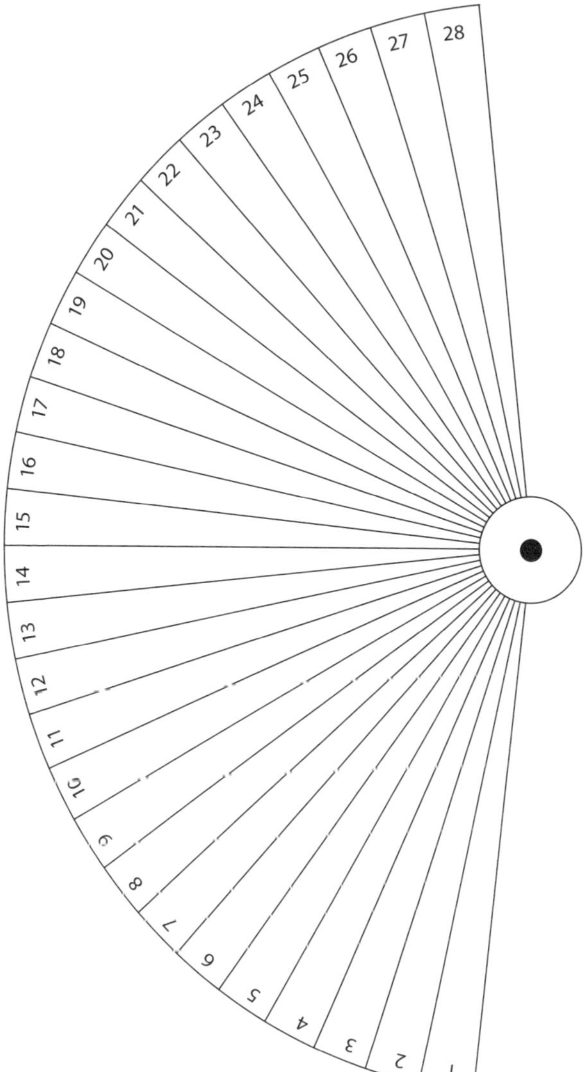
1
2
3
4
5
6
7
8
9
10
11
12
13
14
15
16
17
18
19
20
21
22
23
24
25
26
27
28

Welchen Prozess unterstützen die Engel gerade bei mir? (1)

1 Prozess der Ablösung

2 Prozess der Akzeptanz

3 Prozess der Annahme

4 Prozess der bedingungslosen Liebe

5 Prozess der Dankbarkeit

6 Prozess der Demut

7 Prozess der Erdung

8 Prozess der Erkenntnis

9 Prozess der Freiheitsverwirklichung

10 Prozess der Fülle

11 Prozess der Gnade

12 Prozess der Heilung

13 Prozess der Heilwerdung an Körper, Geist und Seele

14 Prozess der Herzensbildung

15 Prozess der Herzheilung

16 Prozess der Hilfsbereitschaft

17 Prozess des Ideenreichtums

18 Prozess der inneren Kraft

19 Prozess der Klarheit

20 Prozess der Lebensfreude

21 Prozess der Lebensumgestaltung

22 Prozess der Leichtigkeit

23 Prozess der Leidenschaft

24 Prozess der Nächstenliebe

25 Prozess der Neuorientierung

26 Prozess der Reife

27 Fehlertafel

28 Andere

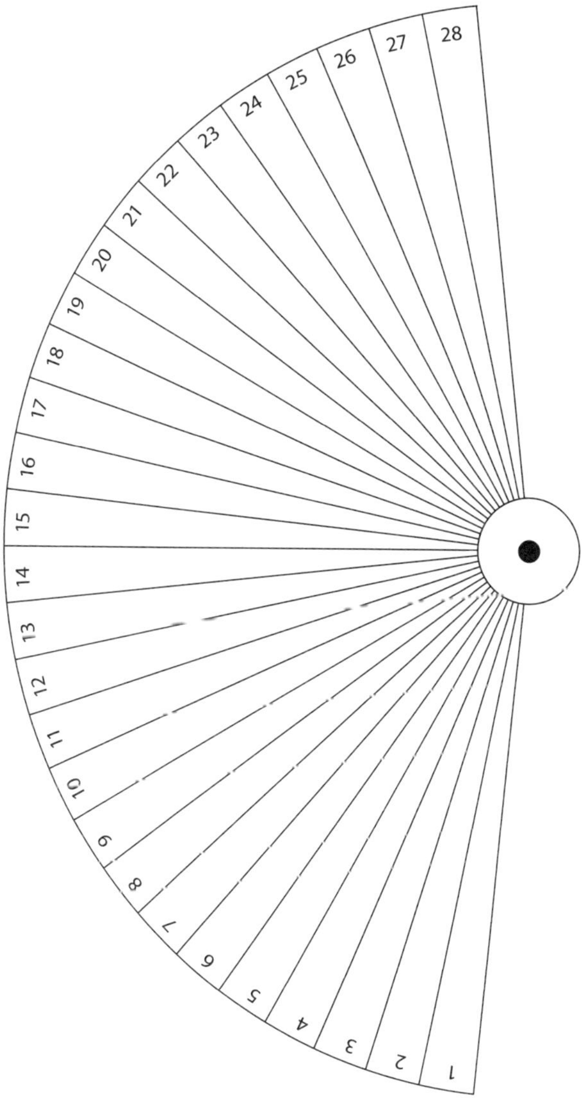
1
2
3
4
5
6
7
8
9
10
11
12
13
14
15
16
17
18
19
20
21
22
23
24
25
26
27
28

Welchen Prozess unterstützen die Engel gerade bei mir? (2)

1 Prozess der Reinigung
2 Prozess der Selbsterfahrung
3 Prozess der Selbsterkenntnis
4 Prozess der Selbstliebe
5 Prozess der Talententwicklung
6 Prozess der Transformation
7 Prozess der Unabhängigkeit
8 Prozess der Verantwortung
9 Prozess der Vergangenheitsbewältigung
10 Prozess der Vergebung
11 Prozess der vollkommenen Entfaltung
12 Prozess der Wahrheitsfindung
13 Prozess der Zufriedenheit
14 Prozess des Christusbewusstseins
15 Prozess des Freude-Empfindens
16 Prozess des Glaubens
17 Prozess des inneren Reichtums
18 Prozess des Loslassens
19 Prozess des Mitgefühls
20 Prozess des Neubeginns
21 Prozess des spirituellen Wachstums
22 Prozess des Teilens
23 Prozess des Vertrauens
24 Prozess des Wahrheitssuchens
25 Prozess von Nehmen und Geben
26 Prozess von Wissen und Weisheit
27 Prozess, das Leben vollkommen anzunehmen
28 Fehlertafel
29 Andere

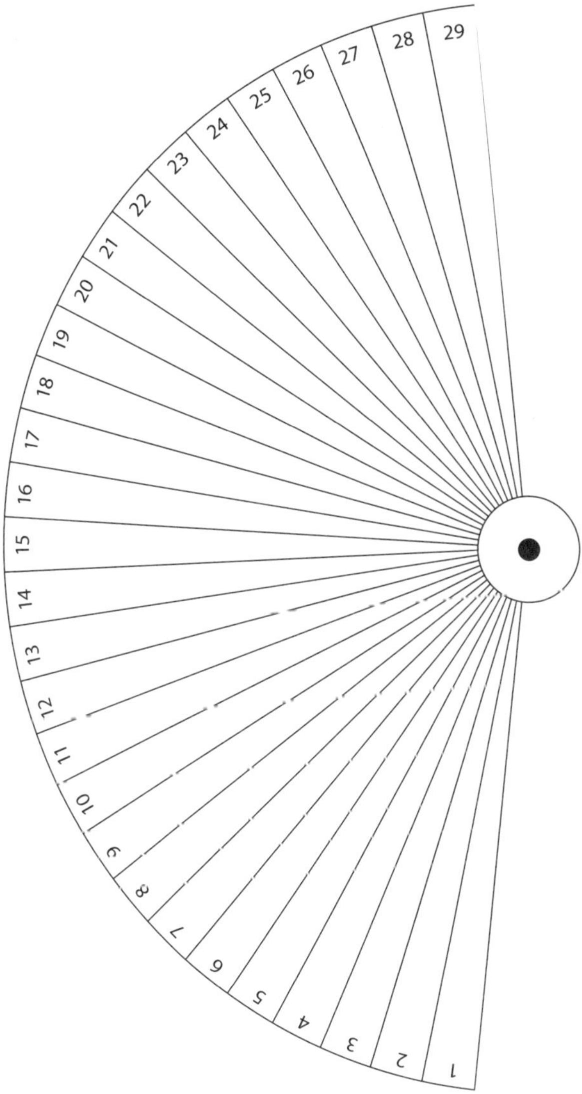

1
2
3
4
5
6
7
8
9
10
11
12
13
14
15
16
17
18
19
20
21
22
23
24
25
26
27
28
29

Übersichtstafel: Welche Tugend raten mir die Engel mehr zu beachten?

1 Tafel 1

2 Tafel 2

3 Tafel 3

4 Fehlertafel

5 Andere

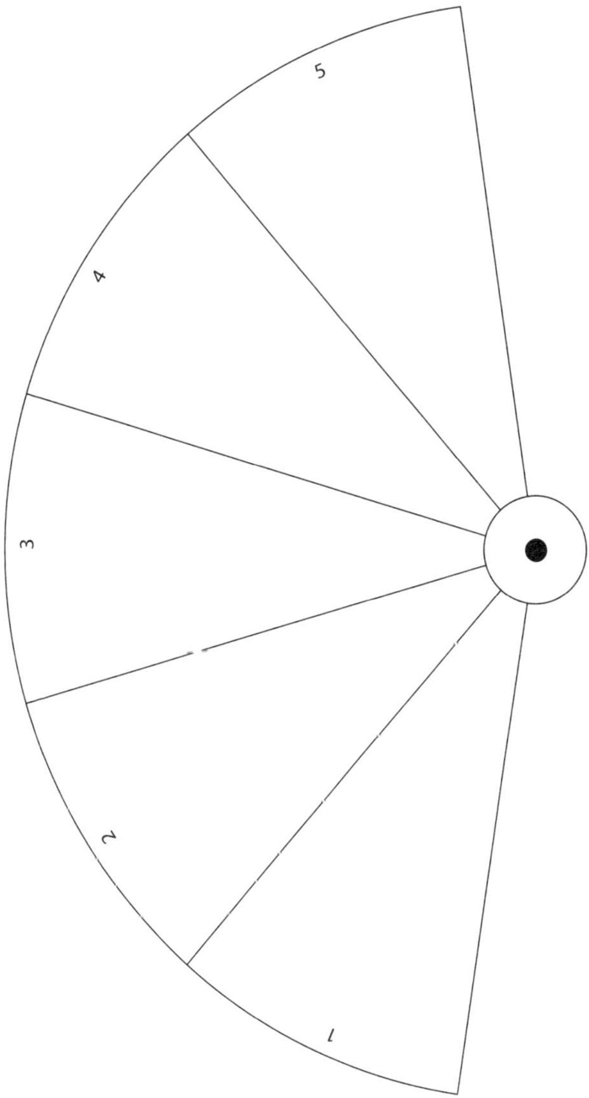
5
4
3
2
1

Welche Tugend raten mir die Engel mehr zu beachten? (1)

1 Abgeklärtheit
2 Anpassungsfähigkeit
3 Anstand
4 Anteilnahme
5 Aufrichtigkeit
6 Ausdauer
7 Ausgeglichenheit
8 Barmherzigkeit
9 Bedingungslose Liebe
10 Bescheidenheit
11 Dankbarkeit
12 Demut
13 Ehre
14 Ehrlichkeit
15 Einfachheit
16 Friedfertigkeit
17 Fürsorglichkeit
18 Geduld
19 Gelassenheit
20 Gerechtigkeit
21 Gewissenhaftigkeit
22 Fehlertafel
23 Andere

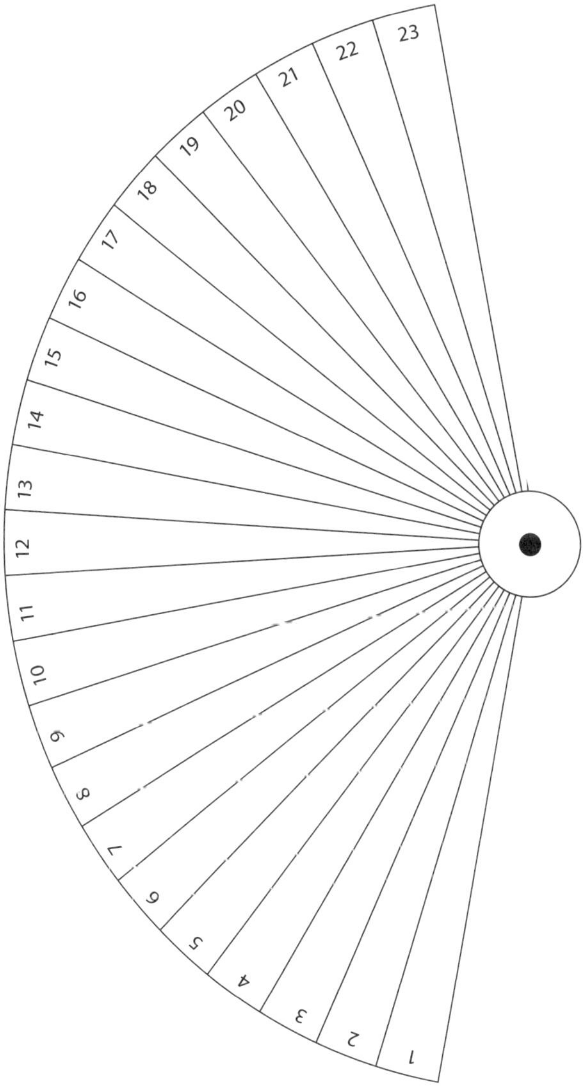
1
2
3
4
5
6
7
8
9
10
11
12
13
14
15
16
17
18
19
20
21
22
23

Welche Tugend raten mir die Engel mehr zu beachten? (2)

1 Glaube
2 Gleichmut
3 Gnade
4 Großzügigkeit
5 Güte
6 Hilfsbereitschaft
7 Hingabe
8 Hoffnung
9 Innere Freiheit
10 Innere Harmonie
11 Intuition
12 Klarheit
13 Klugheit
14 Liebe
15 Loyalität
16 Mäßigung
17 Milde
18 Mut
19 Nachgiebigkeit
20 Optimismus
21 Realitätssinn
22 Fehlertafel
23 Andere

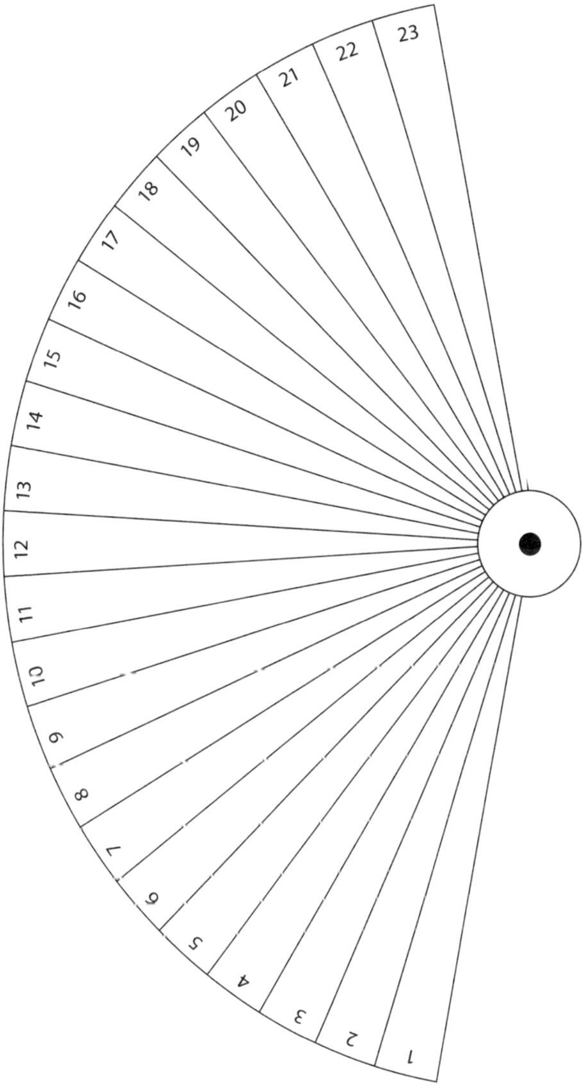
1
2
3
4
5
6
7
8
9
10
11
12
13
14
15
16
17
18
19
20
21
22
23

Welche Tugend raten mir die Engel mehr zu beachten? (3)

1 Reinheit
2 Respekt
3 Selbstliebe
4 Selbstlosigkeit
5 Sorgfalt
6 Stärke
7 Tapferkeit
8 Tatkraft
9 Treue
10 Umsicht
11 Unbeschwertheit
12 Unschuld (kindliche)
13 Vernunft
14 Verschwiegenheit
15 Verständnis
16 Vertrauen
17 Vorausschau
18 Wahrhaftigkeit
19 Weisheit
20 Willensstärke
21 Würde
22 Fehlertafel
23 Andere

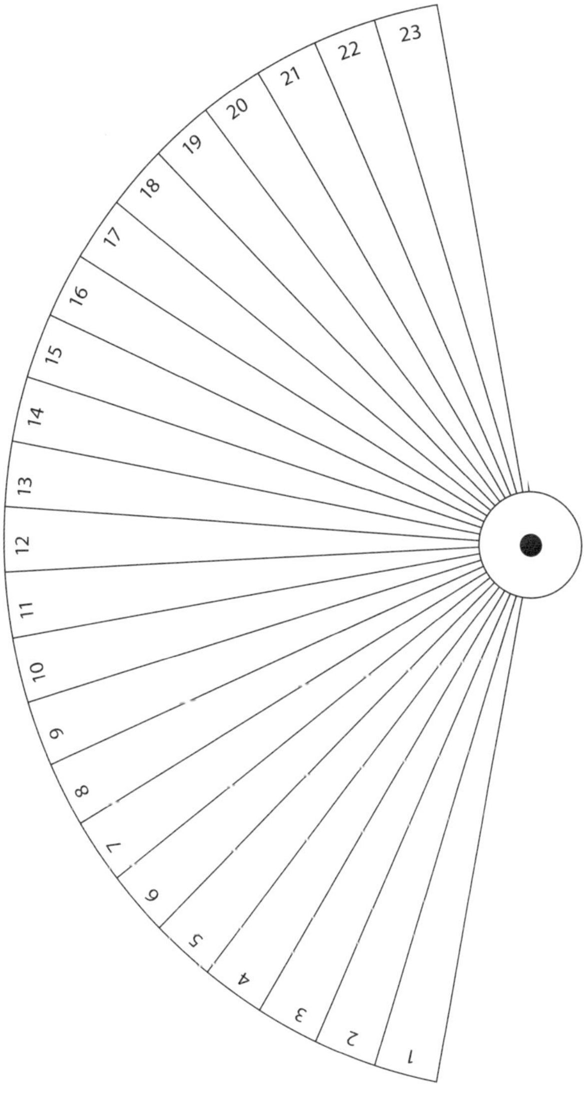
1
2
3
4
5
6
7
8
9
10
11
12
13
14
15
16
17
18
19
20
21
22
23

Übersichtstafel: Welche Untugend raten mir die Engel abzulegen bzw. zu transformieren?

1 Tafel 1

2 Tafel 2

3 Tafel 3

4 Fehlertafel

5 Andere

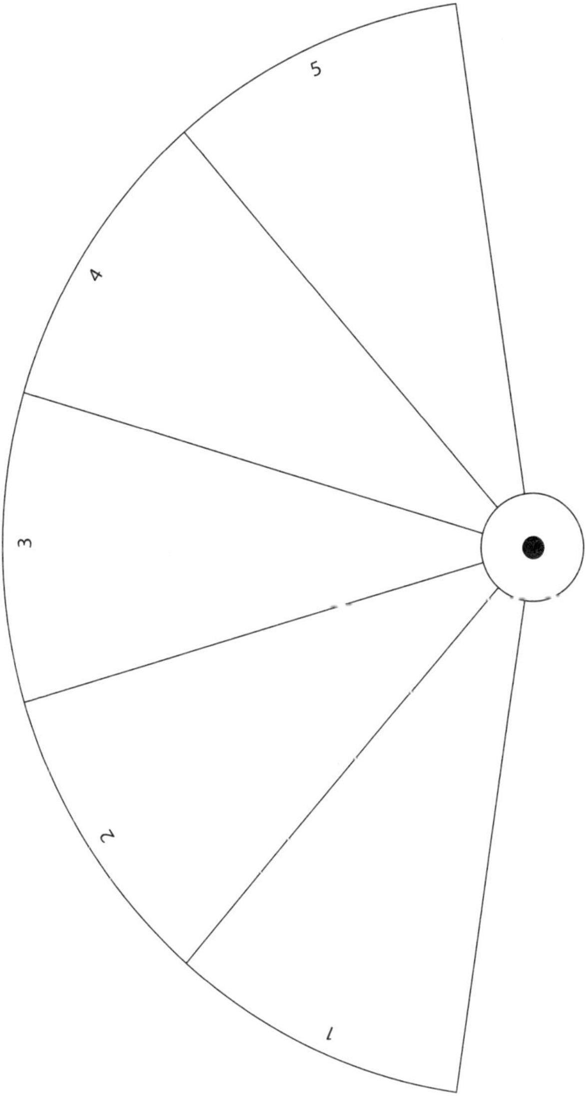
5
4
3
2
1

Welche Untugend raten mir die Engel abzulegen bzw. zu transformieren? (1)

1 Angeberei
2 Bösartigkeit
3 Brutalität
4 Egoismus
5 Eifersucht
6 Eigensinn
7 Eitelkeit
8 Faulheit
9 Feigheit
10 Geiz
11 Genusssucht
12 Gier
13 Gleichgültigkeit
14 Grausamkeit
15 Heuchelei
16 Hinterhältigkeit
17 Hochmut
18 Ignoranz
19 Fehlertafel
20 Andere

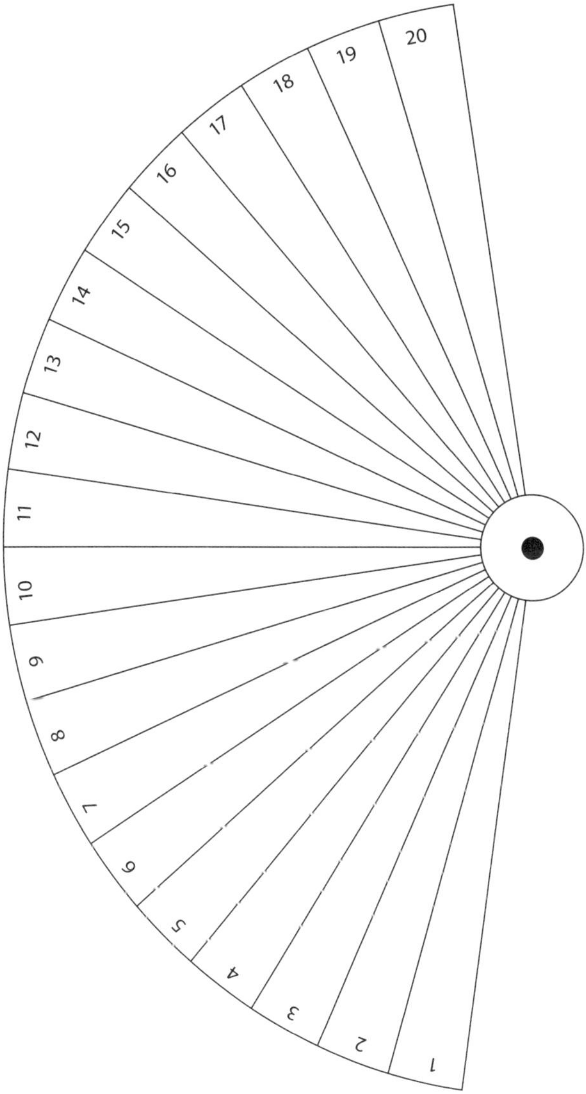
1
2
3
4
5
6
7
8
9
10
11
12
13
14
15
16
17
18
19
20

Welche Untugend raten mir die Engel abzulegen bzw. zu transformieren? (2)

1 Intoleranz
2 Intrigantentum
3 Kleinlichkeit
4 Leichtsinn
5 Lieblosigkeit
6 Maßlosigkeit
7 Mangelnde Anteilnahme
8 Missgunst
9 Misstrauen
10 Mutlosigkeit
11 Neid
12 Oberflächlichkeit
13 Pessimismus
14 Prahlerei
15 Rachsucht
16 Resignation
17 Respektlosigkeit
18 Rücksichtslosigkeit
19 Fehlertafel
20 Andere

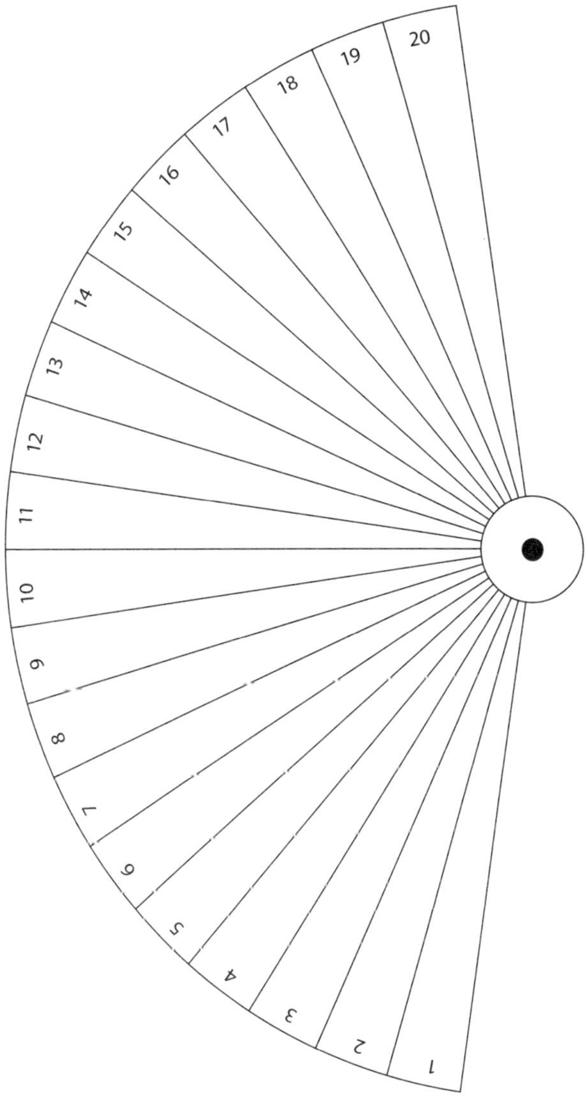
1
2
3
4
5
6
7
8
9
10
11
12
13
14
15
16
17
18
19
20

Welche Untugend raten mir die Engel abzulegen bzw. zu transformieren? (3)

1 Schadenfreude
2 Schwäche
3 Schwatzhaftigkeit
4 Selbstanklage
5 Selbsthass
6 Selbstsucht
7 Starrsinn
8 Stolz
9 Streitsucht
10 Sturheit
11 Tatenlosigkeit
12 Treulosigkeit
13 Überheblichkeit
14 Undankbarkeit
15 Ungeduld
16 Unnachgiebigkeit
17 Unwahrheit
18 Zorn
19 Fehlertafel
20 Andere

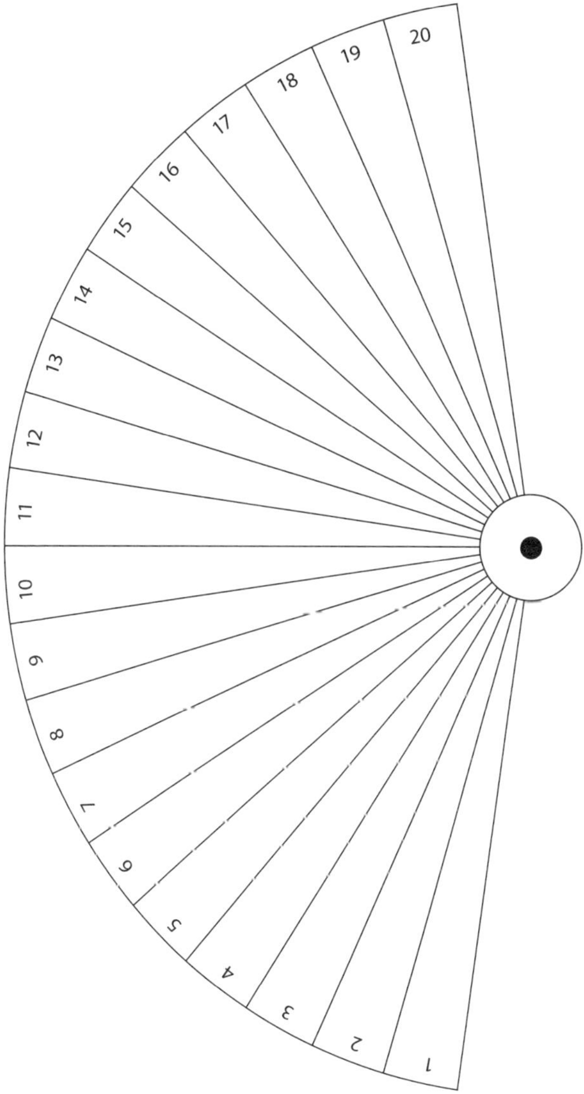
1
2
3
4
5
6
7
8
9
10
11
12
13
14
15
16
17
18
19
20

Welche Einsicht unterstützen die Engel zurzeit und helfen mir damit, eine bestehende Blockade zu bearbeiten? (1)

1 Es darf mir gut gehen
2 Gott liebt mich
3 Ich akzeptiere Hindernisse und Schwierigkeiten
4 Ich bin bereit, alte Verletzungen loszulassen
5 Ich bin bereit, anderen zu verzeihen
6 Ich bin bereit, gut für mich zu sorgen
7 Ich bin bereit, leicht zu lernen
8 Ich bin bereit, mich zu ändern
9 Ich bin bereit, mir selbst zu verzeihen
10 Ich bin bereit, Neues zu lernen
11 Ich bin bereit, Verantwortung für mich selbst zu übernehmen
12 Ich bin es wert, geachtet zu werden
13 Ich bin es wert, geliebt zu werden
14 Ich erfreue mich guter Gesundheit
15 Ich erlaube mir, in Frieden mit meiner Familie zu leben
16 Ich erlaube mir, meine Sexualität zu leben
17 Ich fühle mich wohl in der Gegenwart anderer Menschen
18 Ich habe ein glückliches Leben verdient
19 Fehlertafel
20 Andere

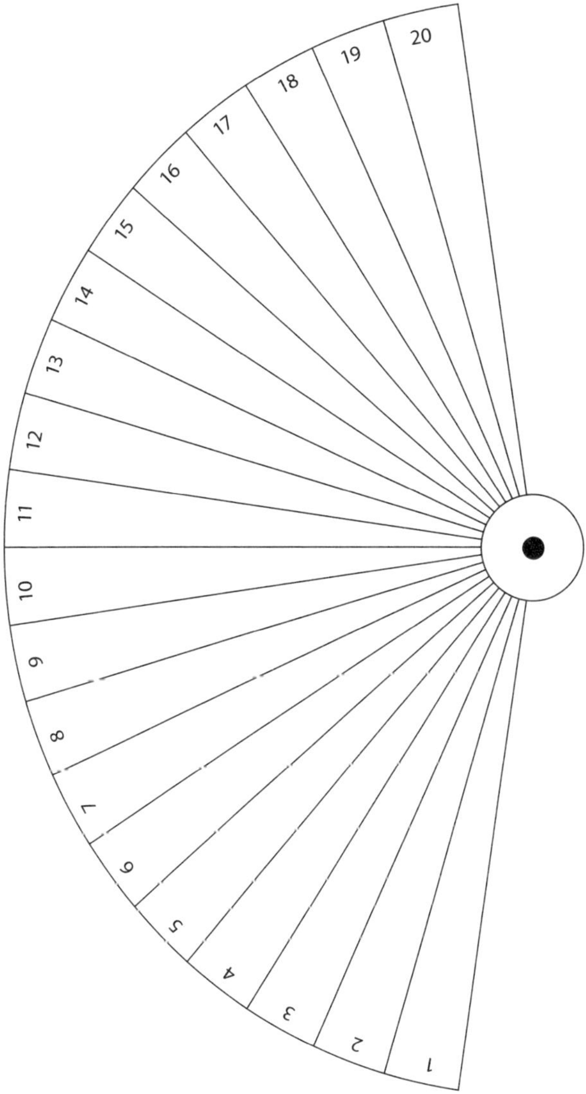
1
2
3
4
5
6
7
8
9
10
11
12
13
14
15
16
17
18
19
20

Welche Einsicht unterstützen die Engel zurzeit und helfen mir damit, eine bestehende Blockade zu bearbeiten? (2)

1 Ich habe es verdient, Erfolg zu haben
2 Ich habe es verdient, immer ausreichend Geld zur Verfügung zu haben
3 Ich habe Liebe verdient
4 Ich kann gut mit Autorität umgehen
5 Ich kann leicht lernen
6 Ich kann meine Gefühle gut ausdrücken
7 Ich kann Nähe zulassen
8 Ich lebe in einer harmonischen Beziehung
9 Ich lerne schnell und mühelos
10 Ich muss nichts tun, um geliebt zu werden
11 Ich nehme meine Macht an mich
12 Ich nehme mich an, wie ich bin
13 Ich öffne mich für neue Möglichkeiten
14 Ich sage „Ja" zum Leben
15 Ich bin es wert, erfolgreich zu sein
16 Ich will mir Zeit geben
17 Ich bin es wert, dass es mir gut geht
18 Ich will/darf zufrieden sein
19 In bin willkommen
20 Fehlertafel
21 Andere

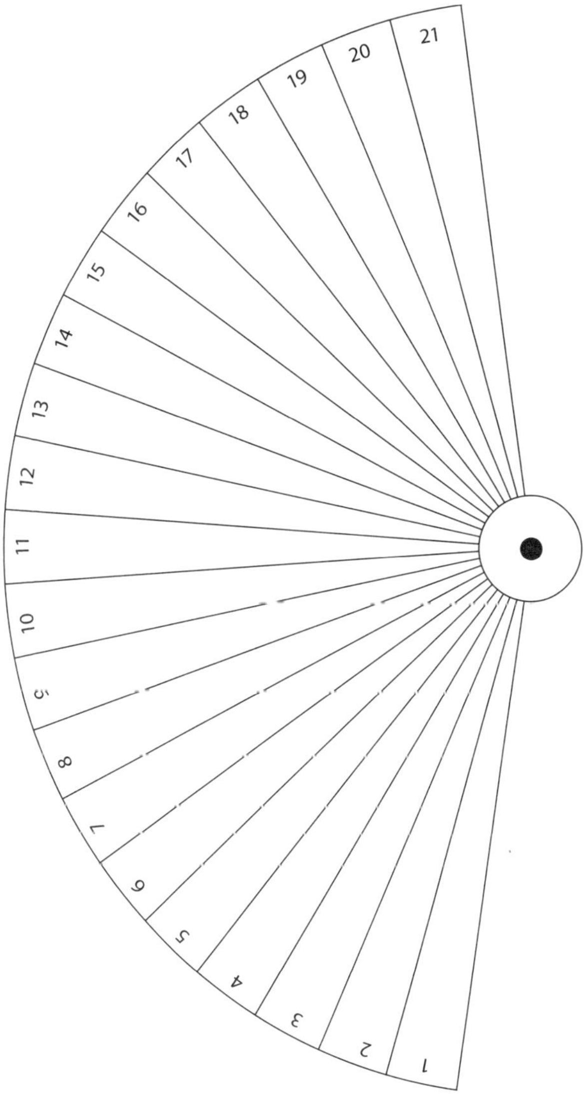
1
2
3
4
5
6
7
8
9
10
11
12
13
14
15
16
17
18
19
20
21

Übersichtstafel:
Die Gemeinschaft der Engel rät dir, mehr Aufmerksamkeit zu richten auf …

1 Tafel 1

2 Tafel 2

3 Tafel 3

4 Fehlertafel

5 Andere

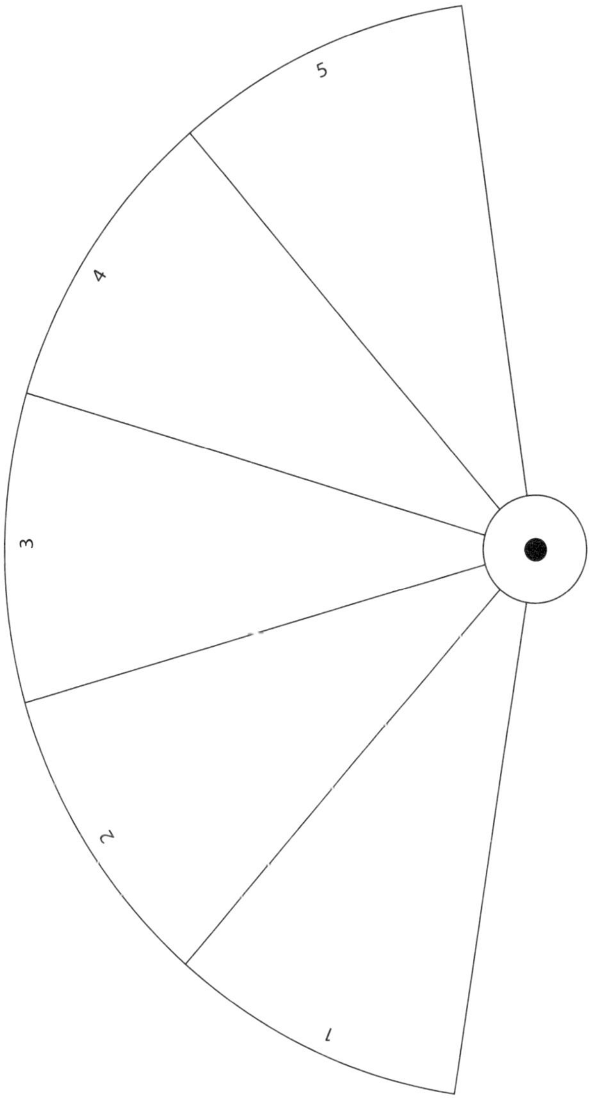
5
4
3
2
1

Die Gemeinschaft der Engel rät dir, mehr Aufmerksamkeit zu richten auf … (1)

1 Abwechslung
2 Arbeit
3 Automatische Muster/Handlungen
4 Bekanntschaften
5 Bekleidung
6 Bewegung
7 Bildung/Fortbildung
8 Blockierende Denkmuster
9 Chef
10 Eigene Fehler
11 Eigene Leistungen
12 Einsatz für andere
13 Einsatz für sich selbst
14 Einstellung
15 Elektrosmog
16 Eltern
17 Entspannung
18 Ernährung
19 Erziehung
20 Familie
21 Fehler anderer
22 Fehlertafel
23 Andere

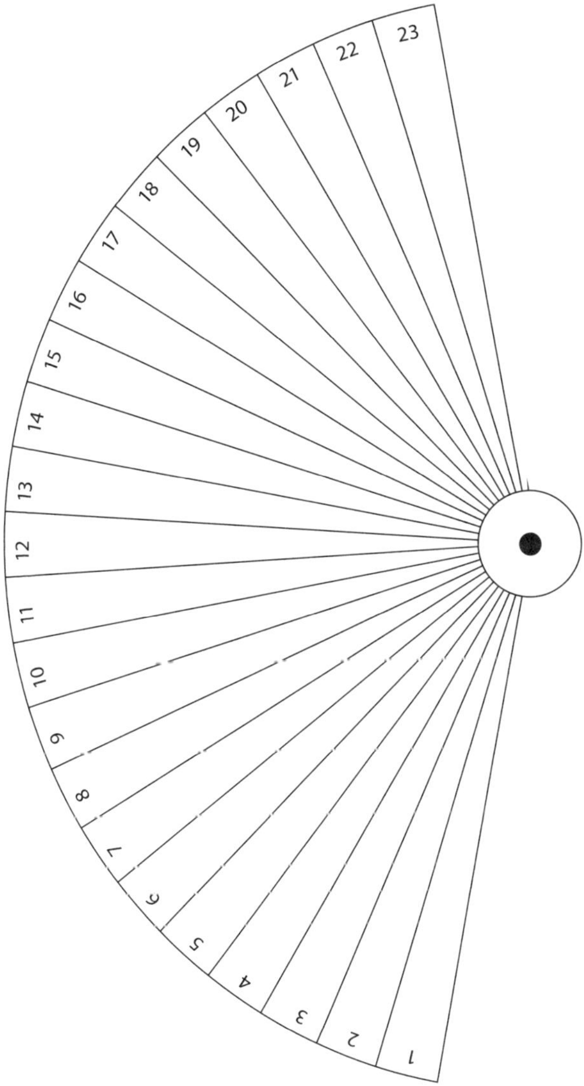
1
2
3
4
5
6
7
8
9
10
11
12
13
14
15
16
17
18
19
20
21
22
23

Die Gemeinschaft der Engel rät dir, mehr Aufmerksamkeit zu richten auf … (2)

1 Finanzen
2 Freizeitaktivitäten
3 Freudebringende Aktivitäten
4 Freunde
5 Gedanken
6 Gefühle
7 Gegenwart
8 Geschäftsbeziehungen
9 Gesundheit
10 Gute Luft
11 Gute Manieren
12 Häusliche Zustände
13 Hobbys
14 Hygiene
15 Kinder
16 Kollegen
17 Kommunikation
18 Körperfürsorge
19 Krankheitssymptome
20 Kultur
21 Leistungen anderer
22 Fehlertafel
23 Andere

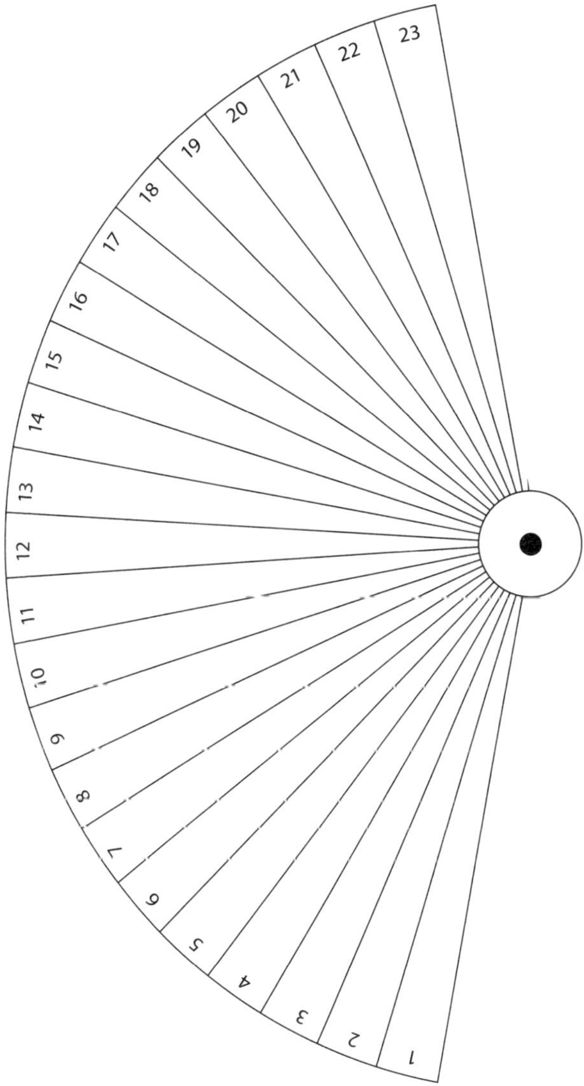
1
2
3
4
5
6
7
8
9
10
11
12
13
14
15
16
17
18
19
20
21
22
23

Die Gemeinschaft der Engel rät dir, mehr Aufmerksamkeit zu richten auf … (3)

1 Mineralien und Spurenelemente
2 Nachbarn
3 Natur
4 Natürliche Begabungen
5 Partner
6 Rat/Warnungen
7 Reisen
8 Religiöse Gefühle
9 Sport
10 Störungen im Umfeld
11 Tagesroutine
12 Träume
13 Übernommene Weltanschauung
14 Übersinnliche Fähigkeiten
15 Umgebung
16 Unterhaltung
17 Urlaub
18 Vergangenheit
19 Vitamine
20 Wasser
21 Zivilcourage
22 Zukunft
23 Fehlertafel
24 Andere

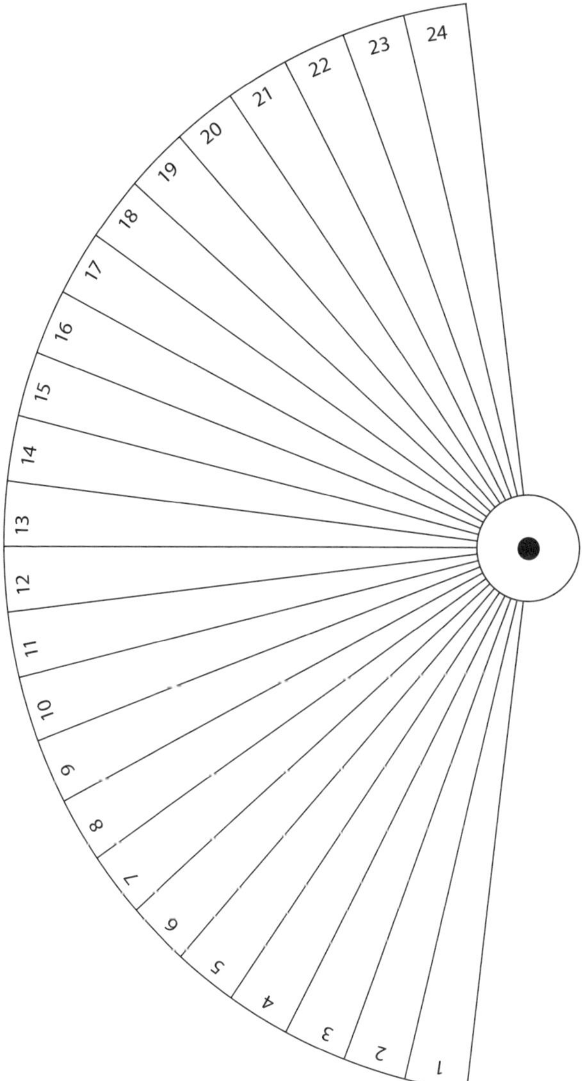
1
2
3
4
5
6
7
8
9
10
11
12
13
14
15
16
17
18
19
20
21
22
23
24

Die Gemeinschaft der Engel rät dir in deiner Situation Folgendes: (1)

1 Abnehmen
2 Auf biologische Ernährung achten
3 Auf mehr Verbundenheit zu Mitmenschen achten
4 Auf Wasserqualität achten
5 Aufräumen/Ausmisten/Loslassen
6 Ausruhen
7 Aussteigen
8 Auswandern/Ortswechsel
9 Berufswechsel
10 Bewegung
11 Ein Haustier halten
12 Einem Verein beitreten
13 Etwas Geld zurücklegen
14 Etwas tun, was mir Freude bereitet
15 Exerzitien/Meditationen
16 Fortbildungskurse besuchen
17 Fremde Kulturen kennenlernen
18 Gartenarbeit
19 Gesünder ernähren
20 Gesundes Essen kochen
21 Heilfasten
22 Innere Reinigung
23 Kreativ arbeiten
24 Lesen
25 Meditation
26 Medium oder Kartenleger/in aufsuchen
27 Fehlertafel
28 Andere

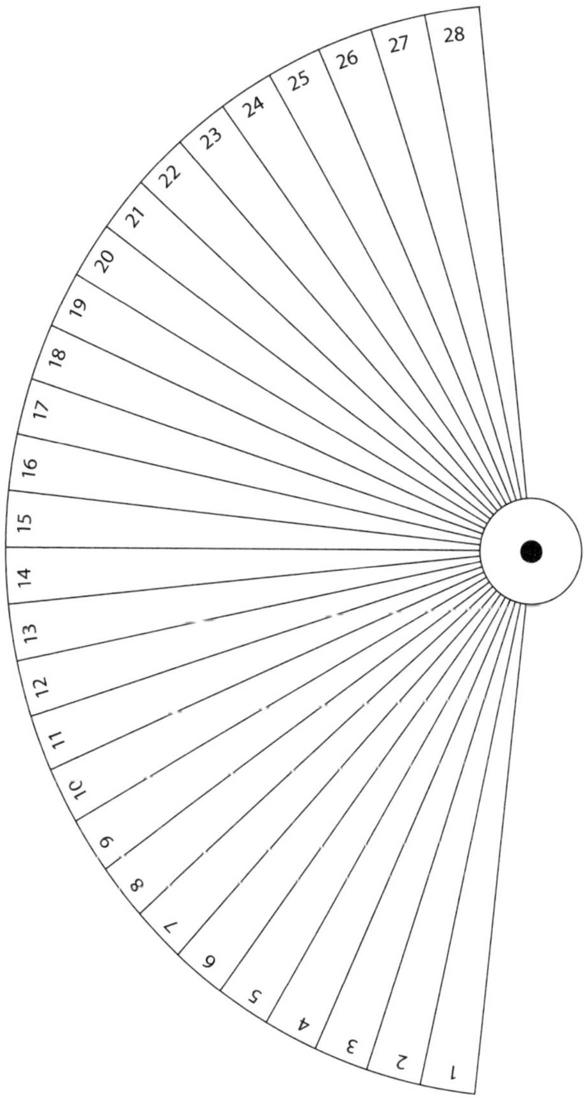
1
2
3
4
5
6
7
8
9
10
11
12
13
14
15
16
17
18
19
20
21
22
23
24
25
26
27
28

Die Gemeinschaft der Engel rät dir in deiner Situation Folgendes: (2)

1 Mehr hinterfragen
2 Mehr Körperpflege
3 Mehr mit dem Partner unternehmen/sprechen
4 Mehr mit Freunden treffen
5 Mehr schlafen
6 Neue Arbeitsstelle suchen
7 Neue Freunde suchen
8 Neue Sprache lernen
9 Neue(n) Partner/in kennenlernen
10 Neues Hobby
11 Outfit ändern
12 Rauchen aufgeben
13 Sich mehr mit der Natur beschäftigen
14 Sich mit einem Geistlichen unterhalten
15 Spielen
16 Spirituelle Gespräche führen
17 Sport machen
18 Städtereisen
19 Süchte loslassen
20 Tanzen gehen
21 Umzug
22 Urlaub machen
23 Wellness
24 Weniger am PC sitzen
25 Weniger fernsehen
26 Weniger herumliegen
27 Fehlertafel
28 Andere

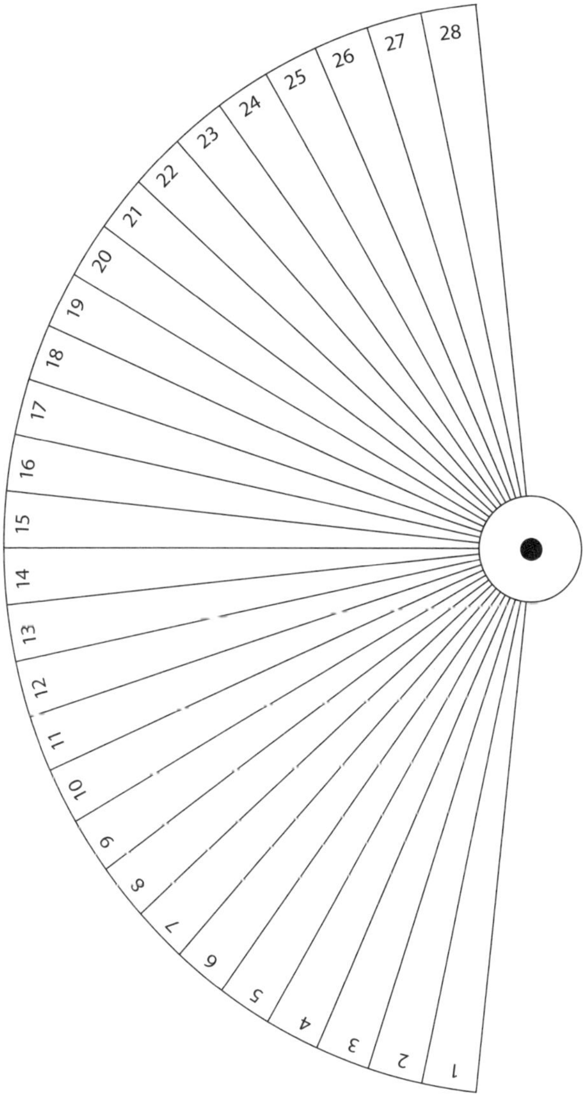
1
2
3
4
5
6
7
8
9
10
11
12
13
14
15
16
17
18
19
20
21
22
23
24
25
26
27
28

Chakren-Engel

Das Wort „Chakra“ kommt aus dem Indischen und bedeutet übersetzt „Rad“.
Als Chakren bezeichnet man feinstoffliche Energiezentren des Körpers. Diese Zentren drehen sich und „atmen“ kosmische Lebensenergie ein und aus, je nach Drehrichtung. Nach der Chakrenlehre gibt es sieben Hauptchakren, die entlang der Wirbelsäule angeordnet sind. Über sie findet ein Austausch der Energien des Menschen mit den Energien des Kosmos und der feinstofflichen Welt statt. Chakren transformieren die einströmende kosmische Energie in die für ihren Bereich zuständigen Organe und Meridiane. Jedem Chakra sind ganz bestimmte Funktionen zugeordnet. Zudem gibt es noch viele Nebenchakren, die sich über den ganzen Körper verteilen.

So können Sie die Engel zu Ihren Paten für ein Chakra ernennen und sie um Hilfe bitten.

Mögliche Fragestellung zu den Chakren-Engeln

- Formulieren Sie Ihr Problem klar und deutlich, und testen Sie aus, welcher Chakren-Engel Ihnen jetzt helfen kann.

- Gehen Sie auf das getestete Diagramm, und stellen Sie erneut Ihre Frage. Das Pendel zeigt Ihnen dann die für Sie hilfreiche Antwort.

- Fragen Sie erneut: „Gibt es einen weiteren Hinweis, den der Chakren-Engel mir geben kann?“

- Bei „Nein“ fragen Sie: „Gibt es einen anderen Engel, der mir jetzt noch weiterhelfen kann?“

- Bitten Sie nun den entsprechenden Chakren-Engel um Unterstützung für das, was Sie sich ausgependelt haben.

- Bedanken Sie sich anschließend bei Ihrem Helfer.

Tipp:

- Sie können den jeweiligen Chakren-Engel auch um Hilfe bitten, wenn Sie körperliche Probleme oder Beschwerden in dem Bereich des genannten Chakras haben.

Die Lage der Chakren im Körper

Wurzelchakra
Zwischen den Beinen am Ende des Rumpfes

Sakralchakra
Zwei Fingerbreit unter dem Nabel

Solarplexuschakra
Auf dem Solarplexus in Höhe des Magens

Herzchakra
Auf der Höhe des Herzens in der Mitte der Brust

Halschakra
In Höhe des Kehlkopfes

Stirnchakra
Auf der Mitte der Stirn

Scheitel- oder Kronenchakra
Oben auf dem Kopf in Höhe des Mittelscheitels

Übersichtstafel: Welche/r Chakren-Engel ist/sind jetzt hilfreich für mich?

1 Engel des Wurzelchakras

2 Engel des Sakralchakras

3 Engel des Solarplexuschakras

4 Engel des Herzchakras

5 Engel des Halschakras

6 Engel des Stirnchakras

7 Engel des Scheitel- oder Kronenchakras

8 Fehlertafel

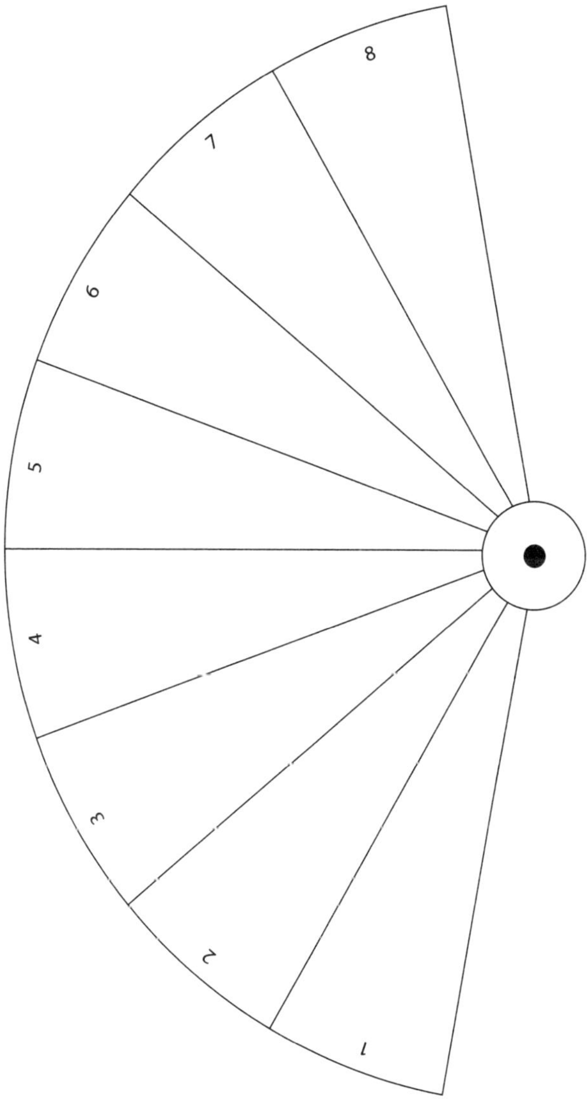

1
2
3
4
5
6
7
8

Der Engel des Wurzelchakras

1 Gibt dir Geborgenheit
2 Gibt dir Schutz
3 Hilft dir, alles anzunehmen, was dein Überleben sichert
4 Hilft dir, deine Ziele zu verwirklichen
5 Hilft dir, einen Ausgleich zwischen Geben und Nehmen zu finden
6 Hilft dir, gerne auf der Erde/hier zu sein
7 Hilft dir, nicht abzuheben und geerdet zu bleiben
8 Hilft dir, positive Ziele zu setzen
9 Hilft dir, Risiken besser abschätzen zu können
10 Hilft dir, Sicherheit zu finden
11 Hilft dir, Stress aufzulösen
12 Hilft dir, Struktur in dein Leben zu bringen
13 Hilft dir, Ungeduld aufzulösen
14 Hilft dir, wenn du das Gefühl hast, den Boden unter den Füßen zu verlieren
15 Hilft dir, Wut aufzulösen
16 Hilft dir, zufrieden zu sein
17 Verhilft dir zu einem starken Willen
18 Verhilft dir zu mehr Aktivität
19 Verhilft dir zu mehr Durchhaltevermögen
20 Verhilft dir zu mehr Durchsetzungskraft
21 Verhilft dir zu mehr Erdung
22 Verhilft dir zu mehr Lebenskraft
23 Verhilft dir zu mehr Mut
24 Verhilft dir zu mehr Selbstsicherheit
25 Verhilft dir zu mehr Tatendrang
26 Verhilft dir zu Stabilität
27 Fehlertafel

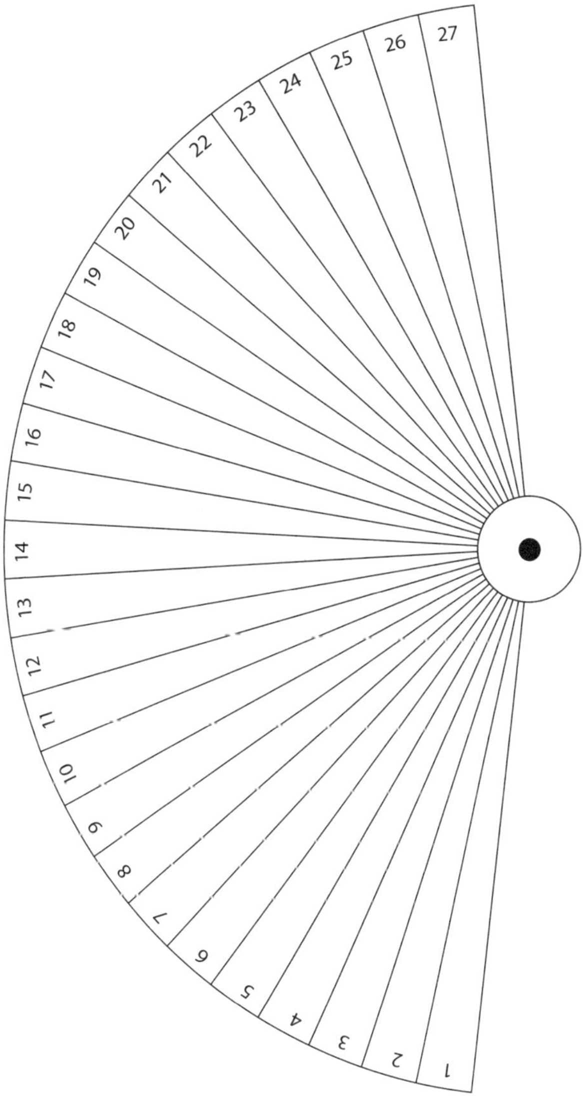

1
2
3
4
5
6
7
8
9
10
11
12
13
14
15
16
17
18
19
20
21
22
23
24
25
26
27

Der Engel des Sakralchakras

1 Hilft dir bei der Reinigung deines Emotionalkörpers
2 Hilft dir in Beziehungsangelegenheiten
3 Hilft dir, anderen Menschen gegenüber natürlich zu sein
4 Hilft dir, anderen Menschen gegenüber offen zu sein
5 Hilft dir, deinen Körper besser wahrzunehmen
6 Hilft dir, die Bedürfnisse deines Körpers besser wahrzunehmen
7 Hilft dir, eine erfüllte Beziehung zu finden
8 Hilft dir, freudig auf der Erde zu leben
9 Hilft dir, Gefühle besser wahrzunehmen
10 Hilft dir, Gefühlsblockaden zu lösen
11 Hilft dir, körperliche Liebe besser leben zu können
12 Hilft dir, Nähe zuzulassen
13 Hilft dir, sinnliche Erfahrungen zu machen
14 Hilft dir, Zärtlichkeiten und Berührungen zuzulassen
15 Unterstützt deine Kreativität
16 Verhilft dir zu Freude, auch an einfachen Dingen
17 Verhilft dir zu mehr Flexibilität im Leben
18 Verhilft dir zu mehr Lebensfreude
19 Verhilft dir zu mehr Lebenslust
20 Verhilft dir zu mehr Selbstwertgefühl
21 Verhilft dir zu neuen Ideen
22 Vermittelt dir einen guten Kontakt zu deinen Emotionen
23 Fehlertafel

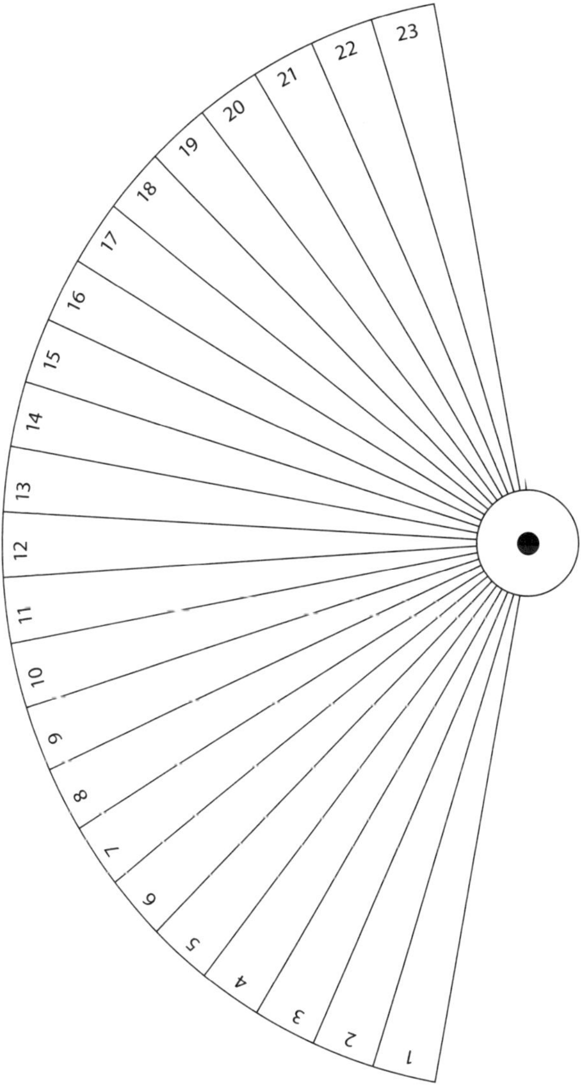
1
2
3
4
5
6
7
8
9
10
11
12
13
14
15
16
17
18
19
20
21
22
23

Der Engel des Solarplexuschakras

1 Hilft dir bei karmischen Belastungen
2 Hilft dir bei Mutlosigkeit
3 Hilft dir bei Niedergeschlagenheit
4 Hilft dir, Ängste loszulassen
5 Hilft dir, aus Erfahrung zu lernen
6 Hilft dir, das „Graue-Maus-Dasein“ zu beenden
7 Hilft dir, dein Leben erfolgreich zu gestalten
8 Hilft dir, deine körperliche Belastbarkeit zu steigern
9 Hilft dir, deine Nervosität abzulegen
10 Hilft dir, deine Persönlichkeit zu entfalten
11 Hilft dir, dich nicht mehr so ohnmächtig zu fühlen
12 Hilft dir, dich selbst auszudrücken
13 Hilft dir, dich zu zentrieren
14 Hilft dir, ein reiches und erfülltes Leben zu führen
15 Hilft dir, eine stabile Persönlichkeit zu werden
16 Hilft dir, Gefühle zu verarbeiten
17 Hilft dir, Gefühle zum Ausdruck zu bringen
18 Hilft dir, mit Macht sinnvoll umzugehen
19 Hilft dir, ruhiger zu werden
20 Hilft dir, Schuldgefühle loszulassen
21 Hilft dir, Selbsttäuschung loszulassen
22 Hilft dir, Verantwortung zu übernehmen
23 Unterstützt dich in deiner Abgrenzung
24 Verhilft dir zu einer starken Ausstrahlung
25 Verhilft dir zu mehr Vitalität
26 Fehlertafel

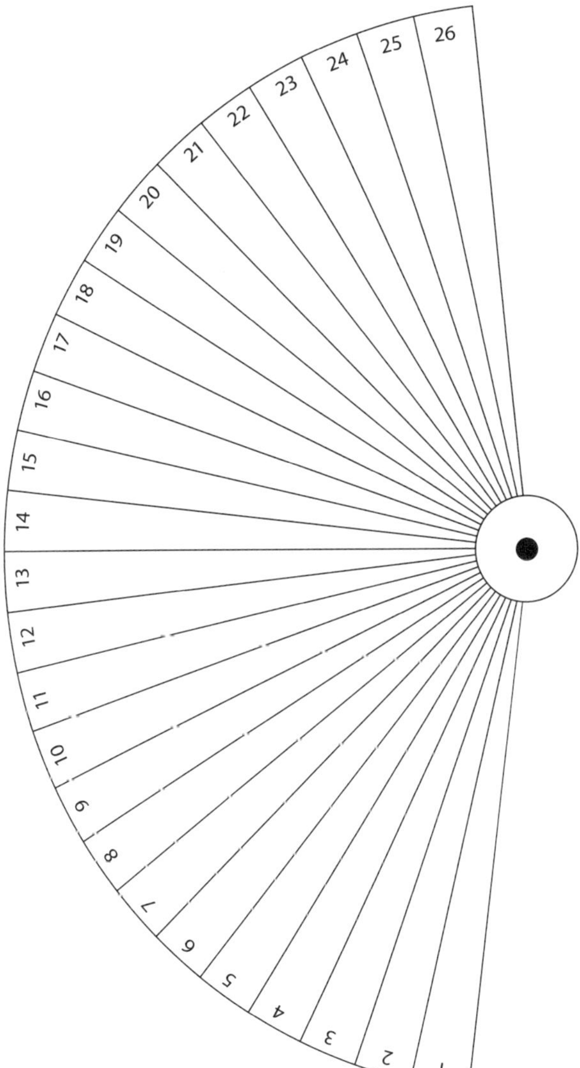
1
2
3
4
5
6
7
8
9
10
11
12
13
14
15
16
17
18
19
20
21
22
23
24
25
26

Der Engel des Herzchakras

1 Hilft dir bei emotionalen Verhärtungen
2 Hilft dir bei Unsicherheit und Zweifeln
3 Hilft dir, mehr Sicherheit und Vertrauen zu entwickeln
4 Hilft dir, akzeptieren zu können
5 Hilft dir, bedingungslos zu geben
6 Hilft dir, deine Grenzen zu erkennen
7 Hilft dir, dein Herz zu öffnen
8 Hilft dir, deinen Glauben zu stärken
9 Hilft dir, dich hinzugeben
10 Hilft dir, emotionale Verletzungen zu heilen
11 Hilft dir, Hass loszulassen
12 Hilft dir, herzlich zu sein
13 Hilft dir, Liebe annehmen zu können
14 Hilft dir, Liebe in deinem Leben mehr wahrzunehmen
15 Hilft dir, selbstlos zu sein
16 Hilft dir, teilen zu lernen
17 Hilft dir, vergeben zu können
18 Unterstützt deine Liebesfähigkeit
19 Unterstützt dich, liebevoller mit dir selbst umzugehen
20 Verhilft dir zu mehr Harmonie
21 Verhilft dir zu mehr Herzenswärme
22 Verhilft dir zu mehr innerem Frieden
23 Verhilft dir zu mehr Lebensfreude
24 Verhilft dir zu mehr Mitgefühl
25 Verhilft dir zu innerem Wachstum
26 Fehlertafel

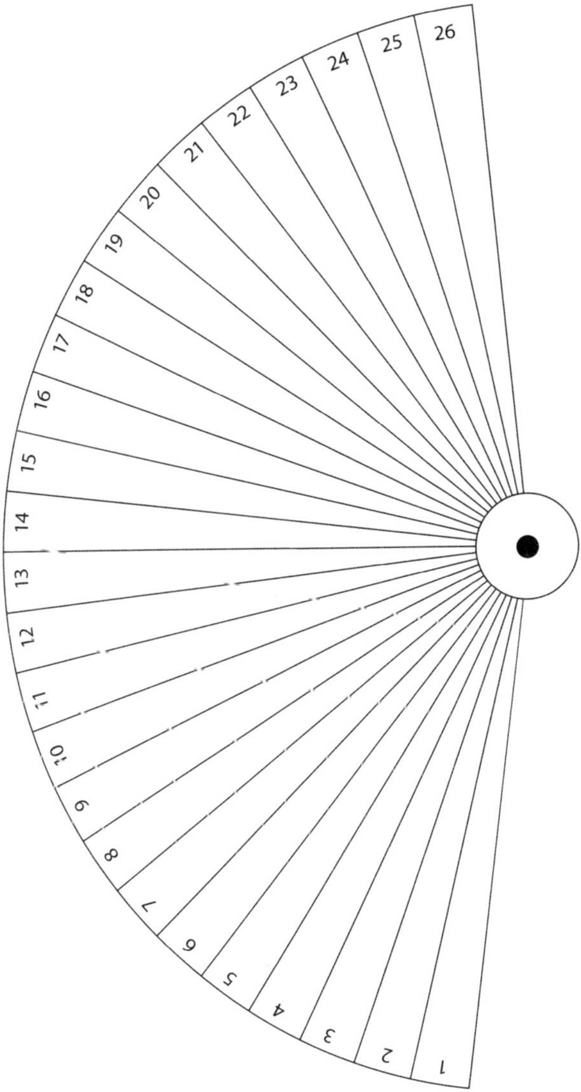
1
2
3
4
5
6
7
8
9
10
11
12
13
14
15
16
17
18
19
20
21
22
23
24
25
26

Der Engel des Halschakras

1 Hilft dir, Aggressionen zu verarbeiten
2 Hilft dir, dich in Liebe auszudrücken
3 Hilft dir, dich sicher im Umgang mit anderen Menschen zu fühlen
4 Hilft dir, dich so zu zeigen, wie du wirklich bist
5 Hilft dir, die schon erkannten Dinge umzusetzen
6 Hilft dir, Dinge anderen Menschen besser erklären zu können
7 Hilft dir, unbewusste Schuldgefühle loszulassen
8 Unterstützt bedingungsloses Annehmen
9 Unterstützt bedingungsloses Annehmen von Geschenken
10 Unterstützt bedingungsloses Annehmen von Informationen
11 Unterstützt bedingungsloses Annehmen von Kritik
12 Unterstützt deine Kommunikationsfähigkeit
13 Unterstützt deine Kreativität
14 Unterstützt deinen Selbstausdruck
15 Unterstützt deinen Zugang zu den feineren Ebenen des Seins
16 Unterstützt den Empfang telepathischer Informationen
17 Unterstützt dich beim freien Reden
18 Unterstützt dich, unabhängig zu sein
19 Unterstützt die Erfüllung deiner Wünsche
20 Verhilft dir zu Inspirationen
21 Verhilft dir zu künstlerischer Schöpferkraft
22 Verhilft dir zu mehr Klarheit im sprachlichen Ausdruck
23 Fehlertafel

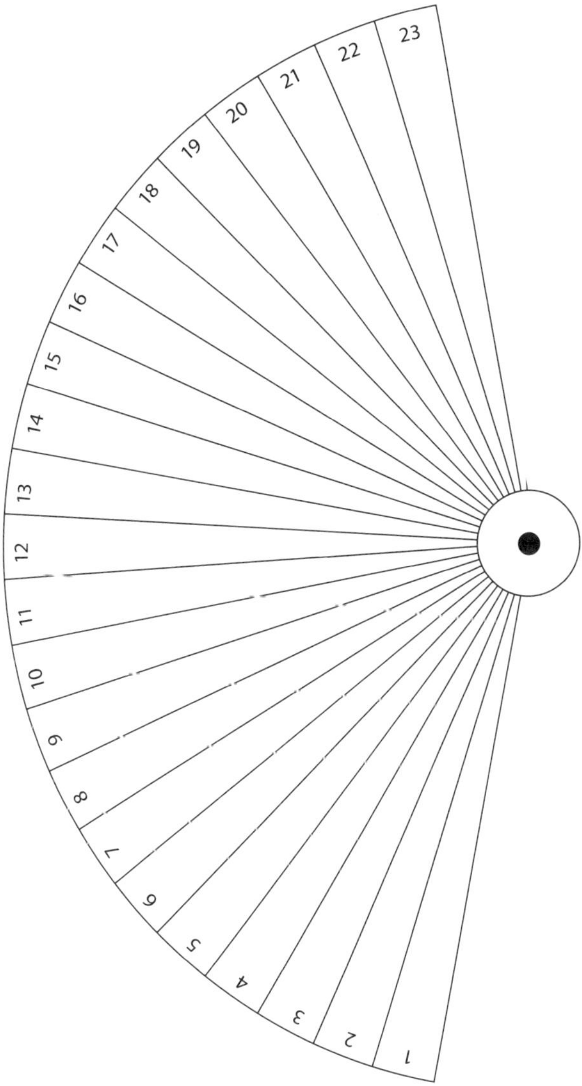
1
2
3
4
5
6
7
8
9
10
11
12
13
14
15
16
17
18
19
20
21
22
23

Der Engel des Stirnchakras (Drittes Auge)

1 Hilft dir, „hinter die Kulissen" zu sehen
2 Hilft dir, auch bei Stress oder Schock einen klaren Kopf zu bewahren
3 Hilft dir, deine tatsächlichen Bedürfnisse zu erkennen
4 Hilft dir, den Sinn all deiner gemachten Erfahrungen zu verstehen
5 Hilft dir, eine verfahrene Situation „von außen" zu betrachten
6 Unterstützt deine Geisteskraft
7 Unterstützt deine Intuition
8 Unterstützt deine Sinne
9 Unterstützt deine Spürfähigkeit
10 Unterstützt dich bei der intuitiven Erfassung von Dingen
11 Unterstützt dich beim Hellhören
12 Unterstützt dich beim Hellfühlen
13 Unterstützt dich beim Hellriechen
14 Unterstützt dich beim Hellschmecken
15 Unterstützt dich beim Hellsehen
16 Unterstützt dich beim Visualisieren
17 Unterstützt dich dabei, Visionen zu empfangen
18 Unterstützt dich, fantasievoll zu sein
19 Unterstützt dich, Spiritualität zu leben
20 Unterstützt dich, Spiritualität zu verstehen
21 Verhilft dir zu einem wachen Verstand
22 Fehlertafel

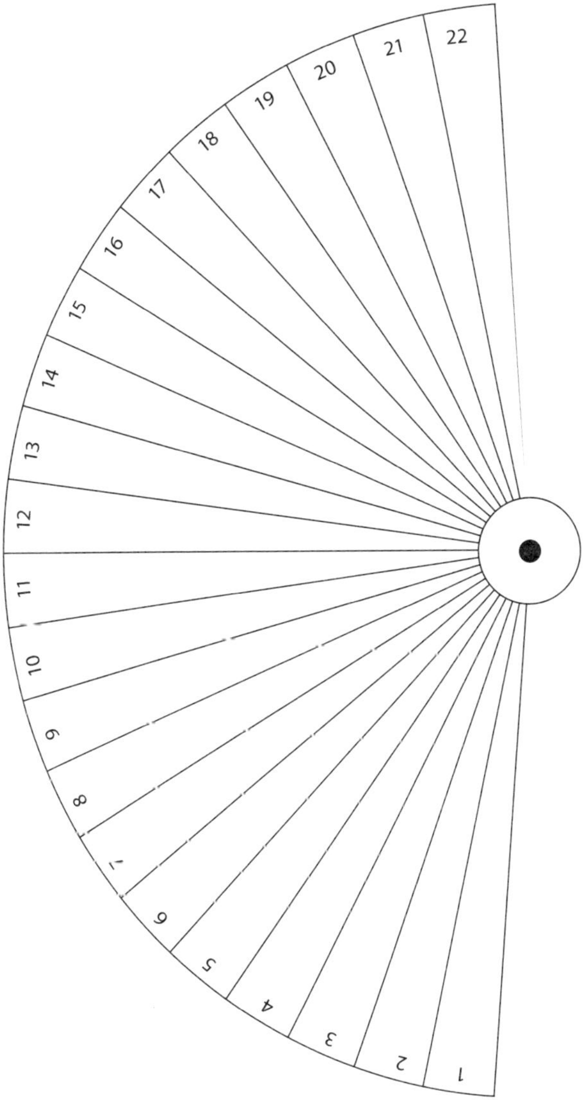
1
2
3
4
5
6
8
9
10
11
12
13
14
15
16
17
18
19
20
21
22

Der Engel des Kronenchakras

1 Hilft dir bei deiner Bewusstseinserweiterung
2 Hilft dir, einmal gemachte Erfahrungen zu würdigen und umzusetzen
3 Hilft dir, dich in deinem Denken, Fühlen und Handeln am „Großen Ganzen“ zu orientieren
4 Hilft dir, das Göttliche in dir zu entfalten
5 Hilft dir, deinen Lebensweg zu finden
6 Hilft dir, dich der Schöpferkraft zu öffnen
7 Hilft dir, die Energie in deinem Körper dorthin zu lenken, wo sie gebraucht wird
8 Lässt dich deinen Seelenplan erkennen
9 Lässt dich den Sinn von Erkrankungen erkennen und verstehen
10 Unterstützt dich bei deiner Heilarbeit
11 Unterstützt dich beim Channeln
12 Verbindet dich mit den Höheren Ebenen und Dimensionen
13 Verhilft dir zu besserem Kontakt mit deinem Höheren Selbst
14 Verhilft dir zu mehr Einfühlungsvermögen
15 Verhilft dir zu mehr Erkenntnis
16 Verhilft dir zu universellem Bewusstsein
17 Verhilft dir, entspannter mit belastenden Situationen umzugehen
18 Fehlertafel

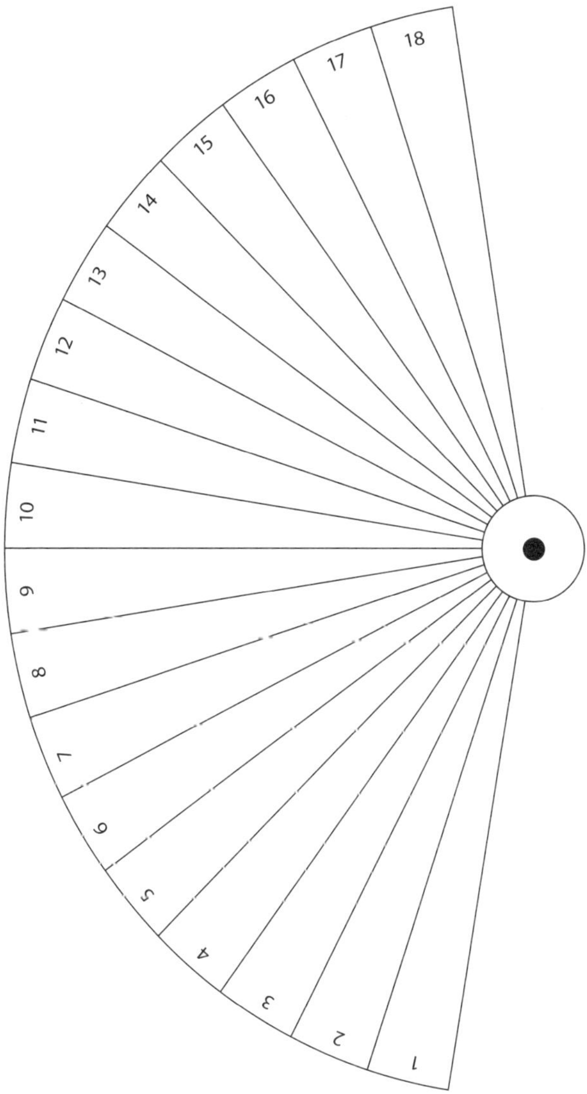
1
2
3
4
5
6
7
8
9
10
11
12
13
14
15
16
17
18

Wohnraumharmonisierung mithilfe der Engel:

Welche Botschaft für mein Zuhause haben die Engel für mich? (1)

1 Benutze biologische Raumdüfte
2 Der Bodenbelag lädt sich statisch auf
3 Der Bodenbelag/Teile des Bodenbelages sind ungünstig für dich
4 Der Wohnraum ist überladen/zu voll
5 Die Einrichtung deiner Wohnung ist zu kantig, sorge für mehr Rundungen
6 Die Fenster sind undicht
7 Die Pflanzen in deiner Wohnung wünschen mehr Pflege
8 Die Wohnung hat zu viele Zimmerpflanzen
9 Die Wohnung hat zu wenig Zimmerpflanzen
10 Die Wohnung ist durch Lacke, Farben oder Holzschutzmittel belastet
11 Die Wohnung ist zu feucht
12 Die Wohnung ist zu groß
13 Die Wohnung ist zu kalt
14 Die Wohnung ist zu klein
15 Du brauchst mehr Farbe in der Wohnung
16 Du brauchst mehr kühlende Farben in deiner Wohnung
17 Du brauchst wärmere Farben in deiner Wohnung
18 Du heizt zu viel
19 Eine Feng-Shui-Beratung löst viele deiner Probleme
20 Energetische Sanierung des Grundstücks ist notwendig
21 Entferne die Spiegel aus deinem Schlafzimmer
22 Entrümpele deinen Wohnraum
23 Es gibt energetisch-technische Belastungen, die deinen Körper schwächen
24 Es gibt erdgebundene Seelen in deinem Wohnraum
25 Fehlertafel
26 Andere

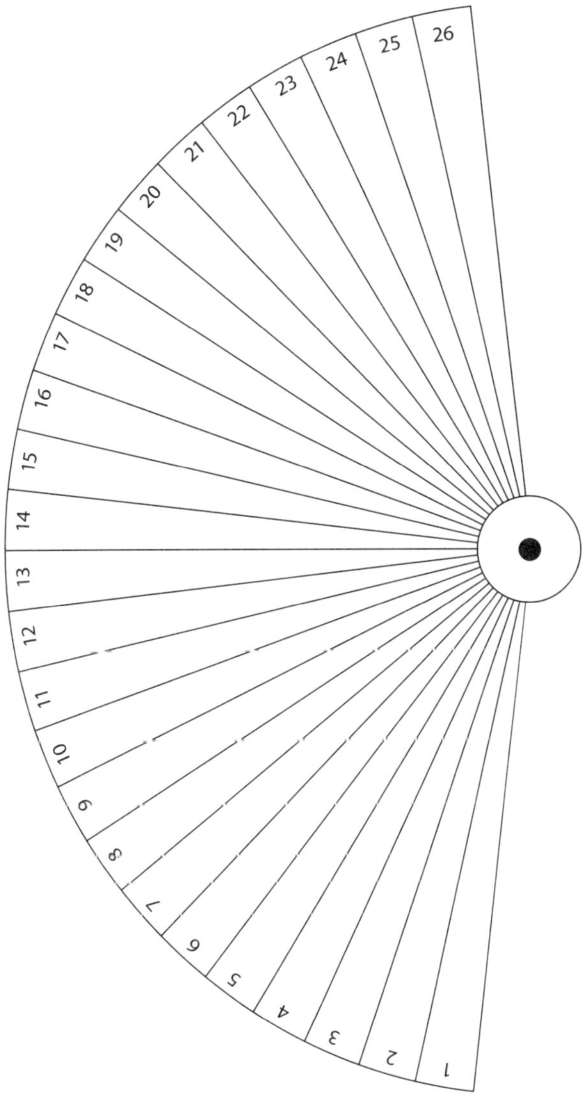
1
2
3
4
5
6
7
8
9
10
11
12
13
14
15
16
17
18
19
20
21
22
23
24
25
26

Welche Botschaft für mein Zuhause haben die Engel für mich? (2)

1 Es gibt natürliche Strahlenbelastungen (Wasseradern, Magnetfeldgitter), die deinen Körper schwächen
2 Es gibt Schimmelpilzbelastungen
3 Es ist zu wenig Licht in der Wohnung
4 Flüche und Verwünschungen haften an deinem Wohnraum
5 Gehe ab und zu mit Räucherwerk durch deine Wohnung
6 Halte die Wohnung sauber
7 Lüfte besser
8 Mache dir Gedanken über andere oder neue Beleuchtungsmöglichkeiten
9 Mache gründlicher sauber
10 Putze die Fenster
11 Räume auf, schaffe Ordnung
12 Räume deinen Keller oder andere Abstellräume auf
13 Reduziere Elektrosmog
14 Reinige deine Bettwaren
15 Reinige die Stoffdekorationen
16 Renoviere
17 Repariere defekte Installationen
18 Repariere kaputte Möbel
19 Schaffe dir einen Engel-Meditationsplatz
20 Stelle ein paar Möbel um
21 Überprüfe die Sicherheitsvorkehrungen für dein Haus oder deine Wohnung
22 Untersuche die Wohnung auf Schädlinge
23 Vermeide zu viele elektrische Geräte
24 Fehlertafel
25 Andere

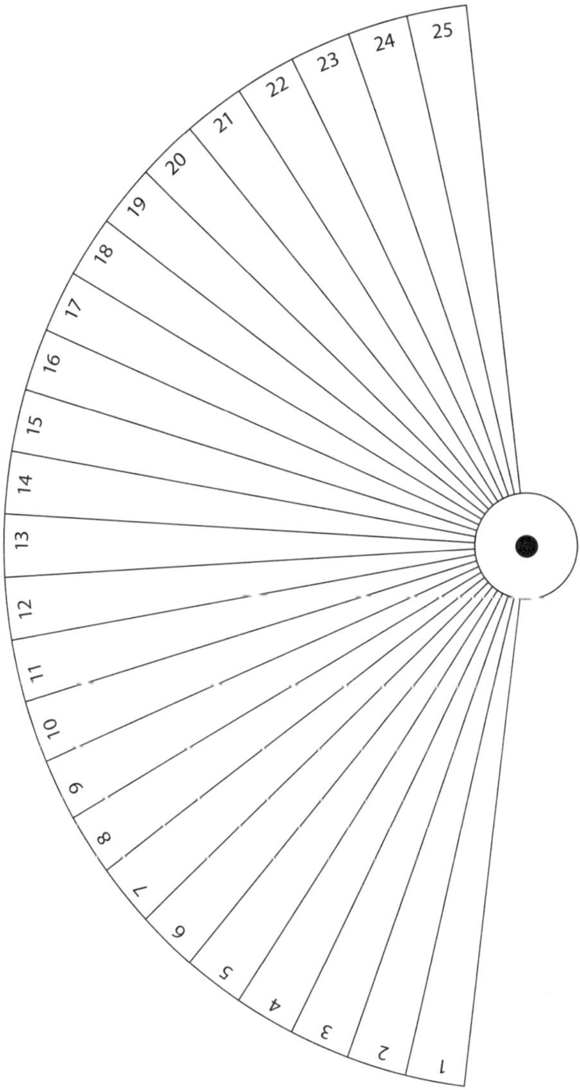
1
2
3
4
5
6
7
8
9
10
11
12
13
14
15
16
17
18
19
20
21
22
23
24
25

Gibt es eine Nachricht von der verstorbenen Person (Name nennen), die mir ein Engel übermitteln möchte?

1 Ja

2 Nein

Bei „Ja“ pendeln Sie bitte auf der nachfolgenden Seite weiter!

Welche Nachricht der verstorbenen Person ... übermitteln mir die Engel? (1)

1 Achte auf deine Gedanken und Worte, denn sie erreichen die höheren Ebenen
2 Du bist mir nichts schuldig
3 Du brauchst dir keine Sorgen um mich zu machen, es geht mir gut
4 Du darfst meine Sachen ruhig weggeben, sie sind nicht mehr wichtig für mich und auch nicht für dich, lasse los und alles wird gut
5 Du hast alles richtig gemacht
6 Du kannst noch immer in Kontakt mit mir treten, ich kann dich hören und sehen, ich bin nur auf einer anderen Ebene
7 Du musst für mich nichts zu Ende führen, lasse los, was dich belastet, und werde frei
8 Du musst nicht auf den Friedhof gehen, um mit mir zu reden, aber tue es einfach, wenn dir danach ist
9 Es geht mir gut
10 Es ist leicht hier oben, die Schwere des Körpers ist nicht mehr da
11 Es ist schön hier
12 Es sind noch viele andere mit mir auf dieser Ebene
13 Genieße das Leben auf der Erde, genieße Regen, Wind, Sonne, Schnee auf deiner Haut und fühle das Leben
14 Genieße deine Zeit auf der Erde in vollen Zügen
15 Habe keine Angst vor der Zukunft, es wird alles gut
16 Hier geschieht alles in Liebe
17 Ich bereite mich auf eine neue Inkarnation vor
18 Ich bin bei dir und begleite dich noch eine Zeit
19 Fehlertafel
20 Andere

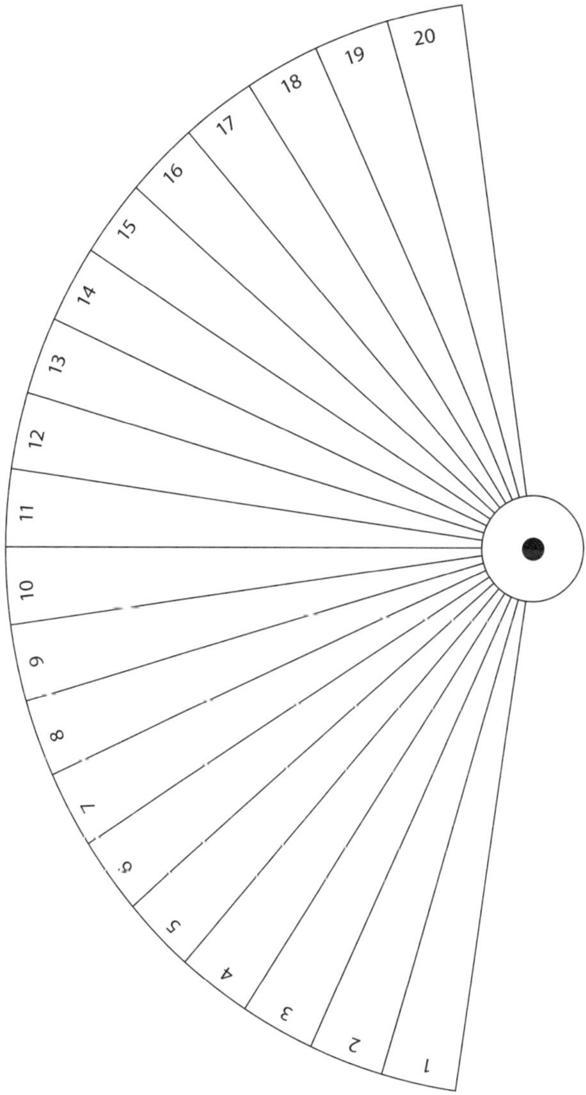
1
2
3
4
5
6
7
8
9
10
11
12
13
14
15
16
17
18
19
20

Welche Nachricht der verstorbenen Person … übermitteln mir die Engel? (2)

1 Ich bin frei von Krankheiten und Schmerzen
2 Ich bin immer bei euch
3 Ich bin nicht alleine
4 Ich danke dir für alles, was du für mich getan hast
5 Ich danke dir für deine Hilfe
6 Ich danke dir für die gemeinsame Zeit mir dir
7 Ich freue mich über deine Entwicklung
8 Ich habe dir längst verziehen, lasse deine Schuldgefühle jetzt einfach los
9 Ich höre dir zu, wenn du zu mir sprichst
10 Ich kann hier alles tun, was ich auf der Erde nicht erreicht habe, und ich bin glücklich
11 Ich liebe dich
12 Ich möchte mich hiermit bei dir entschuldigen, denn ich habe Fehler gemacht
13 Ich ruhe mich aus
14 Ich verstehe dich
15 Lasse neue Begegnungen in dein Herz, sie werden dir sehr guttun und kommen in Liebe, sie heilen dein Herz und machen auch mich damit glücklich
16 Mein Tod war für mich eine Erlösung und ein wunderbares Erlebnis, höre auf, dir Gedanken oder Sorgen darüber zu machen
17 Suche dir eine/n neue/n Partner/in, du brauchst kein schlechtes Gewissen haben, ich liebe dich, es geht mir gut und ich möchte, dass es auch dir wieder gut geht
18 Fehlertafel
19 Andere

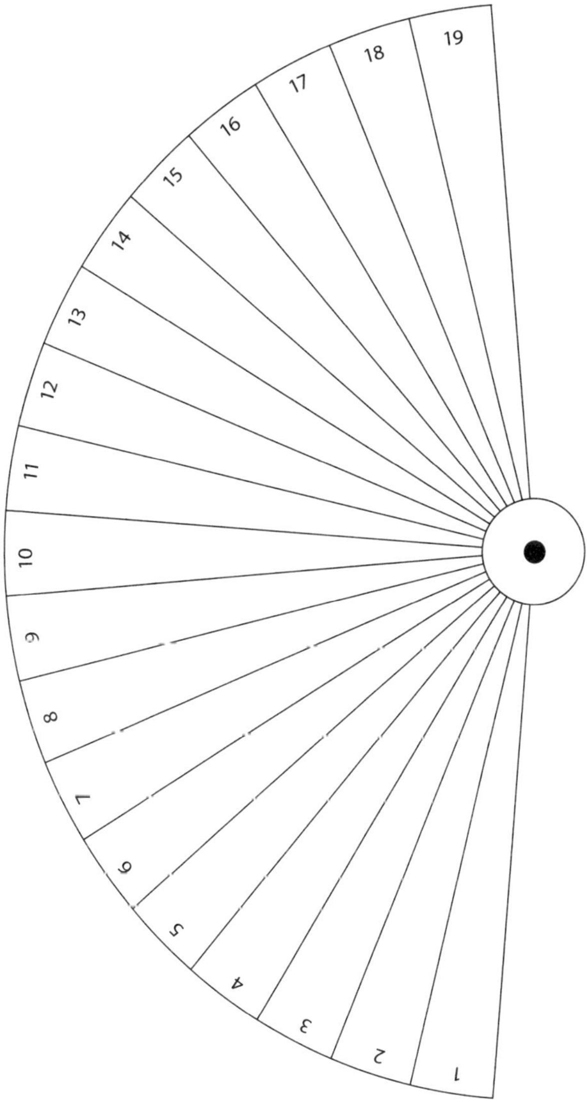

1
2
3
4
5
6
7
8
9
10
11
12
13
14
15
16
17
18
19

Was möchte mir der Engel der Tiere über mein(e) Tier(e) mitteilen? Welche Übersichtstafel enthält die Antwort auf meine Frage?

1 Tafel 1

2 Tafel 2

3 Tafel 3

4 Fehlertafel

5 Andere

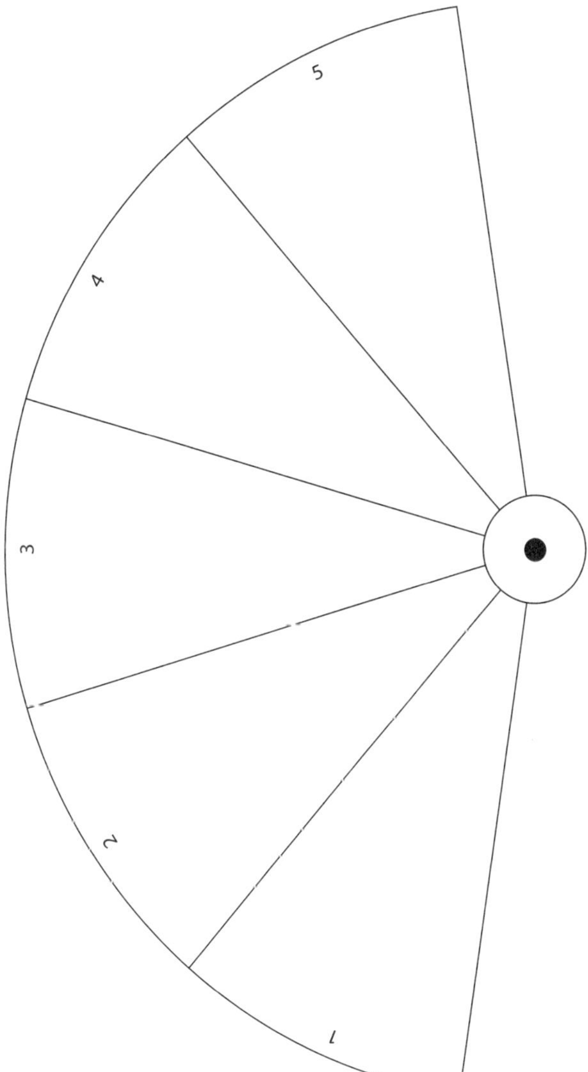

1
2
3
4
5

Was möchte mir der Engel der Tiere über mein(e) Tier(e) mitteilen? (1)

1 Bekommt nicht die richtigen Medikamente
2 Bekommt zu viele Kohlenhydrate
3 Bekommt zu viele Leckerli
4 Bekommt zu wenig Belohnung
5 Braucht anderes Einstreu
6 Braucht anderes Futter
7 Braucht anderes Wasser
8 Braucht eindeutigere Befehle
9 Braucht eine energetische Ablösung vom Besitzer
10 Braucht eine liebevollere Beziehung
11 Braucht einen anderen Schlafplatz
12 Braucht heilende Essenzen/Homöopathie
13 Braucht mehr Abwechslung beim Futter
14 Braucht mehr Bewegung
15 Braucht mehr Eiweiß
16 Braucht mehr Fellpflege
17 Braucht mehr Frischfutter
18 Braucht mehr Futter
19 Braucht mehr Heu
20 Braucht mehr Konsequenz
21 Braucht mehr Kühle
22 Braucht mehr Mineralstoffe
23 Fehlertafel
24 Andere

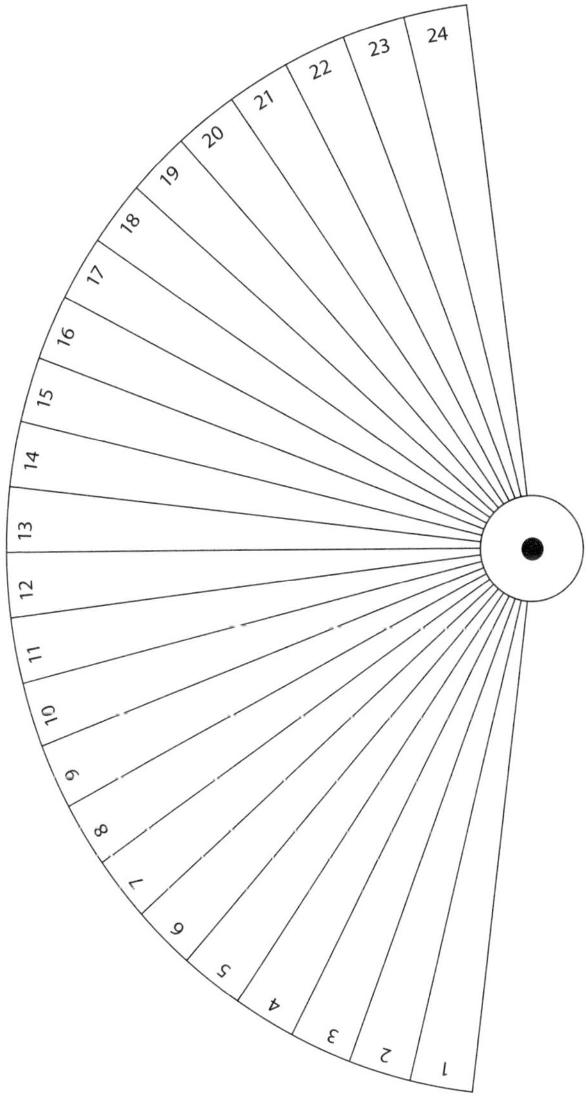
1
2
3
4
5
6
7
8
9
10
11
12
13
14
15
16
17
18
19
20
21
22
23
24

Was möchte mir der Engel der Tiere über mein(e) Tier(e) mitteilen? (2)

1 Braucht mehr Nachsicht
2 Braucht mehr Wärme
3 Braucht mehr Nassfutter
4 Braucht mehr Ruhe
5 Braucht mehr Sauberkeit und Hygiene
6 Braucht mehr Trockenfutter
7 Braucht mehr Vitamine
8 Braucht mehr Wasser
9 Ein Trauma muss aufgelöst werden
10 Fährt nicht gerne Auto
11 Fühlt sich einsam
12 Gebiss ist nicht in Ordnung
13 Gerät leicht in Panik
14 Hat Angst, alleine zu bleiben
15 Hat Angst, geschlagen zu werden
16 Hat Angst vor Neuem
17 Hat Angst vorm Tierarzt
18 Hat Angst, weggegeben zu werden
19 Hat ein psychisches Problem
20 Hat eine körperliche Einschränkung
21 Hat eine Krankheit
22 Hat eine Nahrungsmittelunverträglichkeit
23 Fehlertafel
24 Andere

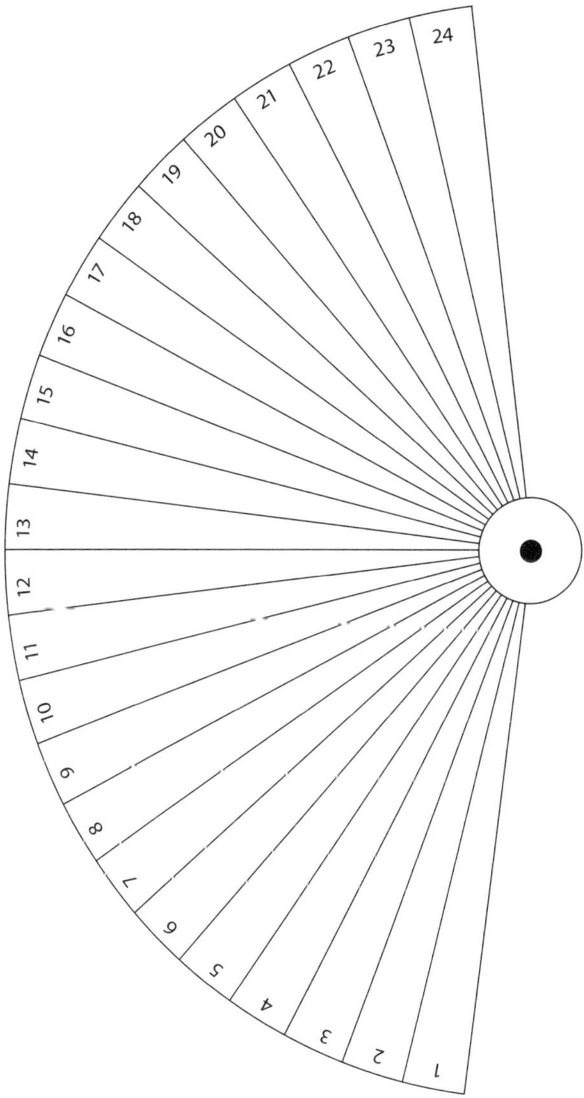
1
2
3
4
5
6
7
8
9
10
11
12
13
14
15
16
17
18
19
20
21
22
23
24

Was möchte mir der Engel der Tiere über mein(e) Tier(e) mitteilen? (3)

1 Hat eine oder mehrere Allergien
2 Hat oft Langeweile
3 Hat schlechte Erfahrungen mit anderen Tieren gemacht
4 Hat schlechte Erfahrungen mit Frauen gemacht
5 Hat schlechte Erfahrungen mit Kindern gemacht
6 Hat schlechte Erfahrungen mit Männern gemacht
7 Hat Schmerzen
8 Hat Stimmungsschwankungen
9 Hat unerkannten Befall von Schädlingen
10 Hat Untergewicht
11 Hat Verdauungsprobleme
12 Hört schlecht
13 Ist depressiv
14 Ist erschöpft
15 Ist lärmempfindlich
16 Ist sehr ehrgeizig
17 Ist übergewichtig
18 Ist unglücklich wegen Kastration/Sterilisation
19 Ist unterfordert
20 Ist zu gutmütig
21 Käfig sollte öfter sauber gemacht werden
22 Kennt seine Aufgabe in der Familie nicht
23 Fehlertafel
24 Andere

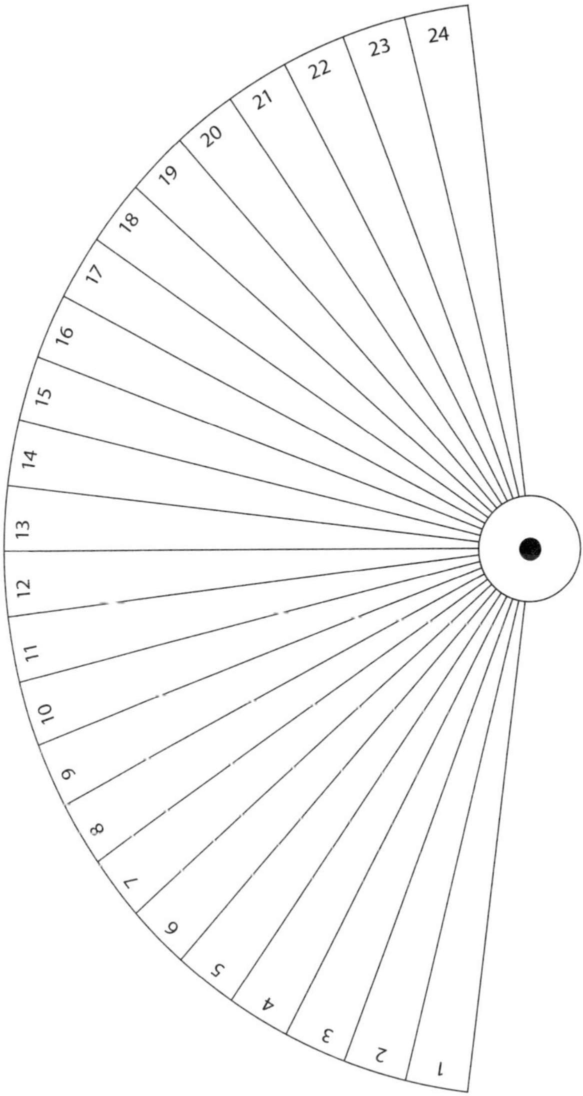
1
2
3
4
5
6
7
8
9
10
11
12
13
14
15
16
17
18
19
20
21
22
23
24

Was möchte mir der Engel der Tiere über mein(e) Tier(e) mitteilen? (4)

1 Kommt mit anderen nicht so gut zurecht
2 Mag keine Fremden
3 Mag seinen Kosenamen nicht
4 Möchte an bestimmten Stellen nicht angefasst werden
5 Möchte einen anderen Namen haben
6 Möchte die irdische Ebene gerne verlassen
7 Möchte eine Aufgabe haben
8 Möchte eine Energiebehandlung (Reiki etc.)
9 Möchte gefallen
10 Möchte gerne öfter mit Artgenossen spielen
11 Möchte Gesellschaft
12 Möchte Herrchen/Frauchen nicht alleine lassen
13 Möchte mehr Lob
14 Möchte mehr spielen
15 Möchte noch leben
16 Möchte Training/etwas lernen
17 Möchte von Fremden nicht berührt werden
18 Muss untersucht werden
19 Sieht schlecht
20 Standort des Käfigs/der Box ist falsch
21 Trägt einen Infekt in sich
22 Tut sich schwer mit Kindern
23 Fehlertafel
24 Andere

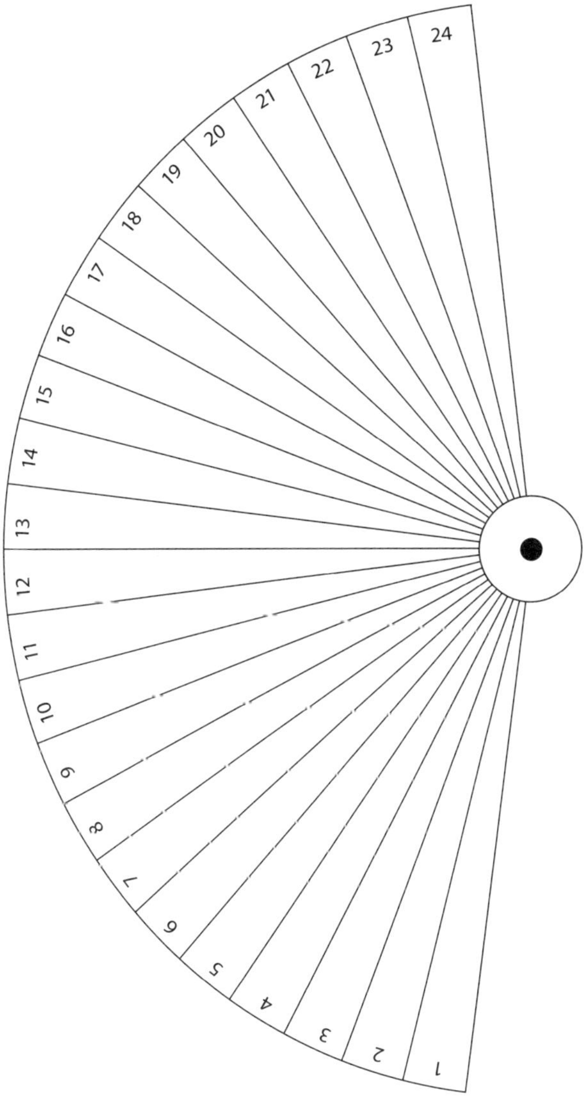
1
2
3
4
5
6
7
8
9
10
11
12
13
14
15
16
17
18
19
20
21
22
23
24

Anhang:

Literaturhinweise:

Bücher

„Mit Engeln heilen" von Denise Whichello Brown, erschienen im Südwest-Verlag

„Der Lichtkörperprozess" von TashiraTachi-ren, erschienen im Hans Nietsch-Verlag

Kartensets

„Das Licht der Engel" von Ferry Lackner, erschienen im Windpferd-Verlag

„Aus unserer Quelle für Dich" von Silke Bader, erschienen im Windpferd-Verlag

„Das Heil-Orakel der Engel" von Doreen Virtue, erschienen im Allegria-Verlag

„Engel begleiten deinen Weg" von Doreen Virtue, erschienen im Koha-Verlag

„Was hilft mir" von Dr. Petra Schneider und Gerhard K. Pieroth

Kontakt:

Sabine Kühn unter:

www.chiandmore.com

- Pendelkurse, Pendelschule
- Aurafotografie
- Beratung mit Pendel und Karten
- Reiki-Seminare und
  Einweihung in die Begradingungsenergie
- Auffinden von Störfeldern im Wohnraum
- Lebenshilfeseminare (Aura, Traum u. v. m.)
- Energieprodukte

Andrea Hülpüsch unter:

www.praxis-des-lichtes.de

- Heilerausbildung
- Einzelsitzungen
- Kinesiologie
- Meditation & Engelarbeit
- Quantenheilung QLT ®
- Pendelkurse und Krisenbegleitung
- Schmerzbehandlung
- Channelings
- Geistchirurgie

Von den Autorinnen bereits erschienen im /Stb

Pendeln als Lebenshilfe

204 Seiten

ISBN 978-3-8434-4583-2

Dies ist ein Buch für alle, die sich für Radiästhesie interessieren. In der kompakten Einleitung des Buches wird erklärt, wie man das richtige Pendel findet, wie man mit Pendelkreisen arbeitet und wie man seine Fragen richtig formuliert.

Pendeln für die Gesundheit

240 Seiten

ISBN 978-3-8434-4584-9

Dieses Buch ist sowohl für Heilpraktiker als auch für Pendel-Interessierte geeignet. Es enthält eine ausführliche Sammlung an Pendelkreisen zu verschiedenen Themengruppen: von körperlichen Bereichen über Medikamente bis hin zu Einnahmeempfehlungen.

Pendel bei Allergien, Übersäuerung und Umweltgiften

264 Seiten

ISBN 978-3-89767-622-0

Die umfassende Sammlung an Pendeltafeln deckt große Bereiche der Lebensmittel, Körperorgane und Umweltgifte ab.